Radwandern im Münsterland

Pättkesführer

W0046515

von Theo Breider

Mit amtlicher Tourenkarte
im Maßstab 1 : 50 000

Aschendorff Münster

24. bis 27., verbesserte Auflage
48. bis 55. Tausend

Fotos: Th. Breider, Münster (5); Kreisbildstelle Tecklenburg (1); Landesbildstelle Westfalen (1); R. Schmidt, Münster (1); B. Schölling, Nottuln (1)

Zeichnungen: Stratmann und Gierse

Umschlag: Karin Fieguth

Aschendorffsche Buchdruckerei, Münster Westfalen, 1978

ISBN 3-402-06022-1

Vorwort zur verbesserten 24.-27. Auflage

Seit seinem ersten Erscheinen im Jahre 1958 hat dieser Pättkes-führer im In- und Ausland viele Freunde bei alt und jung gefunden. Er half mit, die Liebe zur Heimat, zu den Schönheiten der Natur und zum Wandern zu wecken und zu vertiefen.

Das Münsterland ist dadurch als „Pättkesland" bekannt geworden. Mehr denn je zieht es die Menschen auf seine stillen verschwiegenen Pfade, die Pättkes. Versteckte Schönheiten und weltvergessene Einsamkeit — dazu die Bewegung an der frischen Luft — lassen uns zurückfinden zu uns selbst, schenken Entspannung nach der Hetze des Alltags.

Als Initiator der fast weltbekannt gewordenen „Pressefahrten auf Fahrrädern" sage ich wiederum ein herzliches Wort des Dankes den über 100 Reise-, Rundfunk- und Fernseh-journalisten aus 11 Ländern, die bisher daran teilgenommen haben. In millionenfacher Auflage warben sie mit ihren Berichten für das Radwandern — aber auch für die Schönheiten und Sehenswürdigkeiten der Parklandschaften im Münsterland und im Emsland. Ihre Veröffentlichungen dürfen als echte Beiträge für das Verstehen und Zusammenwachsen der Länder und Völker Europas gewertet werden.

Wir freuen uns, daß der nach dem Vorbild von Münster bei der Bundesbahndirektion Münster erstmals im Jahre 1965 eingerichtete „Fahrradverleih am Bahnhof" inzwischen in allen Teilen der Bundesrepublik Deutschland beliebt geworden ist.

Möge auch die 24.-27. Auflage dieses Pättkesführers, die gegenüber der vorigen Ausgabe wichtige Verbesserungen und Ergänzungen, sowie eine mit dankenswerter Unterstützung des Amtes für Agrarordnung Münster, des Landesamtes für Agrarordnung NW, des Landesvermessungsamtes NW und des Vermessungs- und Katasteramtes der Stadt Münster neu bearbeitete Tourenkarte enthält, den Weg finden zu naturliebenden Menschen in Stadt und Land.

Der Verfasser

Hallo, liebe Wanderfreunde!

Bitte bedenken und beherzigen Sie:

1. Pättkes sind keine Autobahnen und keine Rennstrecken.

2. Pättkesfahren heißt, mit dem Fahrrad in aller Beschaulichkeit abseits der großen Straßen durch die Gegend radeln. Das erfordert – neben einem betriebssicheren Fahrrad – Freude am stillen Erleben in der schönen Natur.
Dafür braucht man Augen, die sehen und betrachten können, und ein Herz, das aufnahmebereit ist.

3. Pättkesfahrer fahren möglichst zu zweit oder im Verband mit 10 m Abstand. Bis zu 10 Personen bilden jeweils eine Gruppe; die einzelnen Gruppen halten 30–50 m Abstand.

4. Pättkesfahrer wissen, daß Landschaft und Menschen des Münsterlandes das Sehen und Erkennen ganz beanspruchen, und daß Reize und Vorzüge einer Wanderung im Münsterland nur dem zu eigen werden, der sie mit Zeit und Muße sucht.

5. Pättkesfahrer und Wanderer lärmen unterwegs nicht, vergrämen kein Wild und verschmutzen die Landschaft nicht.

Sie sind Schützer und Beschützer der schönen Natur. Sie achten das Eigentum anderer.

6. Mit den Pättkes suchen Pättkesfahrer taktvoll den Weg zu den Bewohnern des Münsterlandes; sie sind für jedes Entgegenkommen dankbar.

7. Pättkesfahrer setzen sich dafür ein und fordern mit Gleichgesinnten, daß die Pättkes des Münsterlandes dem Fußgänger und Radfahrer vorbehalten bleiben und nicht von motorisierten Fahrzeugen – auch nicht von Mofas – befahren werden. Nur so können Pättkes ihrer Aufgabe dienen, Ruhe und Erholung zu schenken und die Heimat erschließen helfen.

8. Dieser Pättkesführer wurde in erster Linie für Radwanderer erarbeitet und geschrieben, ist aber dem Wanderer zu Fuß ebenso herzlich zugedacht. Auch dem Autowanderer kann er nützen, der aber bitte sein Fahrzeug so abstellen möge, daß es andere nicht stört.

9. Der Verfasser ist allen – insbesondere Herrn Elmar Koch vom Verlag Aschendorff – von Herzen dankbar, die ihm bei der Herausgabe des Pättkesführers geholfen haben. Er bittet, Beobachtungen, die für die nächste Auflage wichtig sind, aber auch solche, die es notwendig erscheinen lassen, bei Behörden vorstellig zu werden oder sich an die Öffentlichkeit zu wenden, mitzuteilen an: Theo Breider, 44 Münster, Eupener Weg 13.

Ausführlicheres über das eine oder andere im Ort oder in der Landschaft entnehme man der einschlägigen Literatur; manchmal genügen schon Broschüren und Prospekte, die in Verkehrsvereinen und Reisebüros zu haben sind.

Wer die Freuden eines schönen Naturerlebens mit heimbringt, weiß, was der Verfasser sich wünschte, als er diese Wege und Angaben für seine Wanderfreunde aufzeichnete. Und nun gute Fahrt und ein herzliches „Tret' de Pedale und sei froh!"

Theo Breider

Abkürzungen

AB	= Autobahn	Hfn.	= Höfen
AU	= Autobahn-Unterführung	Hs.	= Haus
		I. d. N.	= In der Nähe
AÜ	= Autobahn-Überführung	Ki.	= Kirche
		KW	= Kaffeewirtschaft
B	= Bushaltestelle	l.	= links
Bf.	= Bahnhof	Ldstr.	= Landstraße
Bsch.	= Bauerschaft	ND	= Naturdenkmal
E	= Eisenbahnhaltepunkt; Einwohner	NSG	= Naturschutzgebiet
		O	= Orientierung
EU	= Eisenbahn-Unterführung	Ri.	= Richtung
		r.	= rechts
EÜ	= Eisenbahn-Überführung	R	= Restaurant
		rü.	= Rückwärtsrichtung
G	= Gaststätte	Str.	= Straße
H	= Hotel	WB	= Wasserburg
Hf.	= Hof	Wdstr.	= Wanderstrecke
Hfe.	= Höfe	WH	= Wirtshaus

Der Präsident des Landesamtes für Agrarordnung NW, Franz Josef Lillotte, Münster, bittet zu bedenken:

In großen Teilen des in der Übersichtskarte dargestellten Gebietes werden zum Zwecke der notwendigen Neuordnung des ländlichen Raumes eine Vielzahl von agrarstrukturverbessernden Maßnahmen, insbesondere Flurbereinigungsverfahren, durchgeführt. Die deshalb erforderlichen Änderungen von Wegeführungen wurden soweit wie möglich in die vorliegende Karte übernommen. Sollten einzelne in der Karte dargestellte Wege nicht mehr oder noch nicht in der Örtlichkeit vorhanden sein, so wird um Nachsicht gebeten, zumal die ortsansässige Bevölkerung jedem Wanderer bzw. Radwanderer gern Auskunft über die neuen bzw. veränderten Wege geben wird.

Nutzen Sie das Gespräch mit den Menschen dieses landschaftlich so schönen Raumes. Sie werden dann nicht nur das Land, sondern auch seine Leute kennenlernen.

Inhaltsverzeichnis

Übersicht über die Fahrtenpläne

Die münsterländische Natur — beschaulich, heiter und lieblich . ..

.. . aber auch knorrig und voll wunderlicher Phantasie

Fahrtenpläne

1. Münster - Warendorfer Str. - Handorf - Münster [13 km]

Landeshaus - Warendorfer Str. - Danziger Freiheit - hinter der Kanalbrücke l. bis Coppenrathsweg - auf diesem zum Hatzfeldweg - vor dem Bahndamm l. - dann r. durch die EU - über die Str. geradeaus durch das Boniburgwäldchen - nach **Handorf** (B/E). Zurück über KW Pröbsting - etwa 300 m nach Verlassen des Hofes r. einbiegen und an der Werse entlang zur B 51. KW Nobiskrug - r. über die Brücke hinweg bis nach ca. 300 m das Hinweisschild „Pleistermühle" zum Einbiegen nach l. auffordert. (Vorsicht beim Überqueren der Straße!) - Nach 300 m am Bildstock r. einbiegen - an den 3 Hfn. entlang - unter der EU her - Prozessionsweg - KW Tannenhof - Dortmund-Ems-Kanal - Mauritzkirche (Münster). (Zwischen Tannenhof und Kanalbrücke lohnt sich auch ein Abstecher an Haus Gral vorbei - über KW Maikotten - nach Münster [Kanal-Uferweg bis Schillerbrücke!].)

2. Münster - Bohlweg - Handorf - Münster [11 km]

Landeshaus - Piusallee - Bohlweg - hinter der westl. EU l. - den Bahndamm entlang bis Schiffahrter Damm - hier r. über die Bahn - sofort l. über die Schleuse, an deren Ende r., dann l. Dingstiege - durch das sie l. begleitende Wäldchen führt ein schöner Patt - durch die EU - über die Str. - durch das Boniburgwäldchen usw. wie unter Nr. 1.

3. Münster - Handorf - Pleistermühle - Münster [18 km]

Wie unter Nr. 1 bis KW Nobiskrug (B) rü. Hier die Ldstr. queren - bis Bahnübergang Bf. **Handorf** - Gleise nach r. queren - nach etwa 2 km am Hf. Vehoff r. ab zur Werse - über Fluß und Mühle an KW **Pleistermühle** (B) vorbei - über den Pleistermühlenweg nach Münster.

4a. Münster - Mariendorf - Handorf - Münster [12–14 km]

Piusallee - Bohlweg bis WH Zur Quelle - hier l. einbiegen in den Beldensnyderweg - Niedersachsenring queren - Schleswiger Str. - am Ende r. über die Bahn - Mecklenburger Str. bis kurz vor der Bahn - l. einbiegen in den Weg Hoppengarten. Nach 2 km auf dem Markweg r. bis Hf. Meckmann-Dorsel - auf dem Schiffahrter Damm nach l. über die große Kanalbrücke, dahinter in die Mariendorfer Str. - durch den Ortsteil **Mariendorf** - über die Bahn zur Dyckburgstr. Hier r. und nach 200 m l. über die Dyckburg (erbaut von Johann Conrad Schlaun um 1750) nach l. ins schöne Kaffeedorf **Handorf** (E/B).

4b. Piusallee - Niedersachsenring - verlängerte Piusallee - r. über die Bahn - Hoher Heckenweg bis zum Kasernen-Komplex. Hier r. in den Weg Edelbach einbiegen und diesem folgen bis zum Schiffahrter Damm. Von hier weiter wie unter Nr. 4a bis zur Dyckburgstr. Hier nach l., und nach 100 m r. den Waldweg durch den Boniburger Forst wählen, der beim Försterhaus auf den von der nahegelegenen Dyckburg kommenden Wanderweg einmündet, und dann weiter wie unter Nr. 4a.

Von **Handorf** zurück nach Münster wie unter Nr. 1, 2 oder 3 rü.

5. Münster - Hugerlandshof - Münster [8 km]

Mauritz-Kirchplatz - Prozessionsweg - Kanalbrücke - Tannenhof - hinter der EU l. - B 51 queren; KW Weiligmann - am Hf. Grautmann vorbei - danach l. und nach 300 m r. nach KW **Hugerlandshof**. Zurück nach Münster in gerader Ri. durch die Felder und den Wald bis zur Dyckburgstr. - hier r. - nach 200 m l. durch die EU und weiter wie unter Nr. 1 oder 2 rü. nach Münster.

6. Münster - Stapelskotten - Pleistermühle -
   Münster [13 km]

Hohenzollernring - Manfred-von-Richthofen-Str. - Kanalbrücke - Laerer Landweg - diesem nach bis Ldstr. nach Wolbeck - EU - an KW **Stapelskotten** vorbei - nach 200 m l.
einbiegen „am Mooresch", vorbei an den Hfn. Imkamp (Reithalle St. Mauritz), Hs. Kleve; nach 800 m hinter dem WCG-
Versuchsgut (Overesch) l. einbiegen zum Pleistermühlenweg:
r. nach 500 m KW **Pleistermühle**, l. zurück nach Münster.
(Lohnend ist es, von KW Pleistermühle die Str. in Ri. B 51 zu
radeln und nach 500 m l. in den Prozessionsweg einzubiegen;
am Tannenhof [WH] vorbei nach Münster.)

7. Münster - Hs. Havichhorst - (Eggert) - Haskenau -
   Gelmer - Münster [25 km]

Wie unter Nr. 4 bis hinter Mariendorf. Auf der Ldstr. l. ab -
Radweg - an den Baumschulen und Rosenkulturen Gebr.
Beaufays vorbei nach Sudmühle - hinter KW Sudmühlenhof
Bahn queren - auf **Hs. Havichhorst** zu - im Linksdreh daran
entlang - am Ende der Hofanlage r. durch den Buchenwald -
unter der Havichhorster Mühle her - nach 50 m l. dem Schlängelpatt nach zur KW **Eggert**. Nördl. Hofseite, r. am Bildstock
vorbei. Nach 100 m r. Schild „Haskenau" (alte germanische
Wallburg); in dieser sich r. halten bis zum Ende der Wallanlage.
Im eigenen Interesse nicht von den empfohlenen Wegen ab-
weichen (Militärübungsgelände). Dann l. oder r. um die Was-
serwerkanlage herum und weiter mit dem Weg über die alte
zur neuen Ems. Hier l. und dann rechts über die Brücke in die
Bsch. Fuestrup (Hf. Brunsmann). Von hier l. die alte Str. - AU -
Ki. **Gelmer** - Hessenbrücke - am Kanal entlang nach Münster.

8. Münster - Waldfriedhof Lauheide - Ringemann -
   Münster [20 km]

Bis Handorf wie unter Nr. 1–4. In Handorf am WH Wersehof l.
ab - an der Bushaltestelle r. - vor der Einfahrt zum Fliegerhorst
l. und dem Hinweisschild „KW Ringemann" nach - oder:

8a. In Handorf am südlichen Dorfende l. die Kötterstr. radeln - Betonstr. queren - weiter geradeaus an der Verwaltungsanlage vorbei - die nächste Betonstr. l. bis Waldfriedhof **Lauheide** - hier l. nach KW **Ringemann**.

Ab KW Ringemann in westlicher Ri. durch die Hornheide (Wege sind durch Panzerübungsgelände unübersichtlich, darum bei KW Ringemann Fuß- u. Radweg zur Klinik Hs. Hornheide erfragen, diesseits der Bahn bleiben) - auf der harten Str. nach r. Bahn queren - nach 300 m l. einbiegen - durch den Hohlweg - die Havichhorster Mühle passieren - dann l. und nach 70 m r. durch die hohen Buchen am Hs. Havichhorst vorbei - r. auf Ldstr. Greven–Münster zu; hier l. auf dem Radweg oder mit der ersten Möglichkeit nach r. über die Kanalbrücke - l. ab, am Kanal entlang oder weiter nördl. durch den Ortsteil Coerde nach Münster.

9. Münster - Handorf - Telgte und zurück über
   a) Waldfriedhof Lauheide oder
   b) Pleistermühle [22 km]

Bis Handorf wie unter Nr. 1–4. Ab hier die Kötterstr. - am Freibad vorbei - nach 800 m die Betonstr. zum Kasernengelände überqueren - nach 1 km - hinter dem Kasernen-Komplex halbr. immer geradeaus - über die Betonstr. (zum Waldfriedhof Lauheide l.) hinweg zum harten Waldweg von Jägerhaus nach Lauheide. Entweder folgt man diesem 200 m weiter nach r. und gelangt auf den Prozessionsweg, der von Münster kommend l. der Str. entlang nach Telgte führt; oder wer Zeit hat, radelt den Waldweg nach l. in Ri. Lauheide, biegt aber nach 600 m r. ab und kommt am Hf. Böckenholt vorbei, nach r. oder l. abbiegend, zum Zielort **Telgte** (B/E).

9a. Ab Hf. Böckenholt l. - O: Hf. Decker; hier nach 200 m l. einbiegen und auf dem Fahrweg nach **Lauheide.** Von hier westlich zur KW Ringemann und wie unter Nr. 8a nach Münster,

9b. In **Telgte** Str. nach Wolbeck - den ersten Weg hinter der Bahn r. ab - am Hf. Lütke-Zutelgte vorbei - Rochus-Hospital r. liegen lassen und weiter in Ri. Hf. Niebrügge - durch die Bsch. Schwienhorst - dem x-Zeichen der Wdstr. 22 nach (l. Hs. Milte) - Hf. Farwick - Hs. Vehof und weiter wie unter Nr. 3 über **Pleistermühle** nach Münster.

10. Münster - Hs. Langen - Münster [25 km]

Bis Waldfriedhof Lauheide wie unter Nr. 8a und 9a. Am Waldfriedhof Lauheide in Ri. Telgte nach 200 m l. am Friedhof entlang, etwa 1 km Anschluß an Nr. 14 von Telgte - zwischen drei alten Hfn. hindurch - über die Emsbrücke - drüben weiter durch Sandwege und über Pättkes (den Hauptweg halten!) nach **Hs. Langen.** Hier l. über das Mühlenwehr, nach r. durch den Wirtschaftsweg, 600 m in nordwestl. Ri., kurz vor dem Hf. Beermann zurück in die Ems-Niederung. Nach 600 m r. einbiegen und mit dem Weg zum Anglerheim in der Emsschlaufe. Diese in Weiterfahrt nach l. umradeln und dann über die Brücke mit Rechtsdreh zur KW Ringemann. Von hier wie unter Nr. 8 nach Münster.

11. Münster - Hs. Langen - Westbevern-Brock - Schiffahrt - Münster [33 km]

Bis **Hs. Langen** wie unter Nr. 10. Ab Hs. Langen dem x-Zeichen der Wdstr. 15 nach - achtgeben auf Weiterführung jenseits der Verkehrsstr. Westbevern–Greven (Bf. 1 km l.) - 300 m nach Überqueren der Str. r. ab - nach 1,2 km l. am Bahnwärterhäuschen Gleise queren und danach sofort r. - etwa 2,2 km - vorbei an Hf. Holthaus - bis zur Ldstr. Westbevern-Brock. Auf dieser Ri. beibehalten. Nach 1,3 km interessante

Siedlung **Westbevern-Brock** (B) (zum Bf. Ostbevern 3 km). Rückfahrt nach Münster im WH Wemmer erfragen, und zwar:

11a. über den kürzeren alten Münster-Weg, den man entweder 1 km zurück über die Ldstr. nach Westbevern oder l. am Hf. Gerbert vorbei erreicht. Dann in beiden Fällen r. durch die Brüskenheide - O: Hfe. Sommer, Boes und Strickerbäumer (hier führt r. ab nach 600 m ein Weg ins NSG Gertrudensee). Am Hf. Strickerbäumer weiter über die Ldstr. Westbevern–Greven hinaus - O: Hf. Becker - in die Bsch. Fuestrup.

11b. an den Hfn. Gerbert, Krampe, Rößmann, Topphoffs Mühle, Holtmann und Beimann vorbei in die Bsch. Fuestrup.

Nr. 11a und 11b treffen in **Fuestrup** bei den Hfn. Westrup und Brunsmann zusammen und führen l. über die **Schiffahrt** (B) wie unter Nr. 7 nach Münster.

12. Münster - Coerheide - Dortmund-Ems-Kanal - Bockholter Berge - Westbevern - Klatenberge - Telgte - Münster [28 km]

Hörstertor - Goldstr. - Niedersachsenring - verlängerte Piusallee - vor der Bahn l. das Pättken befahren - der Bahn entlang - nach 500 m r. über die Gleise - Weg nach l. anhalten - über die Königsberger Str. hinweg - **Coerheide** - Coerder Liekweg - überqueren und weiter geradeaus durch den Wald - Ri. Kläranlage (Rieselfelder). Ab hier auf der Betonstr. in das NSG Gelmer (Huronensee, Blauer See, Schwalbensee) bis Hessenbrücke - diesseits am Kanal entlang auf dem Leinpfad radeln bis zur nächsten Gelmer-Brücke und weiter bis zur übernächsten Gittruper-Brücke. Hier Ldstr. nach Gimbte; nach 1,5 km hinter Gittrup r. einbiegen, Wegweiser „Landhaus Oeding". Über die Emsbrücke - an Hs. Oeding l. weiter mit Halbrechtsdreh durch das NSG Bockholter Berge; am Hermann-Löns-Stein vorbei in östl. Richtung - über den Gellenbach - Hf. Bergeskotten - zur Ldstr. Münster–Greven. Nach l. Ldstr. bis WH Wauligmann (B). Hier den alten Kirchweg nach Westbevern (7 km) über Hf. Laumann - Dortmund-Ems-Kanal erfragen. Vor dem Hf. Laumann am Hofkreuz r. ab und immer

geradeaus bis zum **Dortmund-Ems-Kanal**; über die Kanalbrücke (Topphoffs Mühlenbrücke) am Hf. Schulze Schleithoff/
Topphoff vorbei. (Hier das letzte noch intakte Wasserrad im Münsterland.) An der alten Mühle vorbei weiter in gerader Ri. bis Hf.
Kötter/Weglage. Hier r. auf den Wirtschaftsweg - über die Bahn -
nach **Westbevern**. Von hier Ldstr. nach Telgte bis Höhe Tank-
stelle; hier l. die harte Str. am Friedhof - (Bever-Niederung) - am
Hf. Lütke-Westhues (Military-Olympiasieger 1956) entlang.
Danach bei Große Westhues scharf r. in die **Klatenberge** - H
und KW „Waldhütte" - nach **Telgte** (Wallfahrtsort; E/B);
weiter wie unter Nr. 9b nach Münster.

13. Münster - Schiffahrt - Westbevern-Brock - Kattmanns Kamp - Ostbevern - Kloster Vinnenberg - Telgte - Münster [47 km]

Wie unter Nr. 4b bis Kasernen-Komplex. Hier r. Edelbach; vor
dem Kasernentor weiter geradeaus - vorbei am Hf. Große
Kleimann - l. am Kanal entlang bis zur Brücke - über den
Kanal - nach 200 m l. durch Feld/Busch - nach 600 m r. zur
Ldstr. - hier l. am Hf. Stadtbäumer vorbei - dann wieder l. dem
Hessenweg nach bis Hessenbrücke - vor der Brücke r. ab -
hier r. Str. Eckernheide - nach 600 m l. Gittruper Str. - am
WH Gährs und an der Ki. vorbei, dann r. einbiegen und nach
300 m den alten **Schiffahrter Damm** - AU - über die Ems
bis Beckers Kreuz - an Hfn. Brunsmann (r.) und Becker vorbei -
die Ldstr. Westbevern–Greven queren und geradeaus dem
alten Münsterweg nach bis nach etwa 6 km zur Ldstr. Westbevern–Ladbergen. Hier l. die Bsch. **Westbevern-Brock**
(WH Wemmer; hier Informationen auch über Abstecher in
Kattmanns Kamp). O: Hfe. Tannebeck, Baumkötter, Brink-
meier und Vennekötter. In **Kattmanns Kamp** O: Hfe. Fiege
und Kiesekamp und danach im Linksdreh zum Bf. **Ostbevern.**
Weiter hinter der Molkerei l. einbiegen - O: Hfe. Schlichten-
feld, Bäumer, Benter und Scharsewinkel. Hier in östl. Ri. weiter, die Ldstr. queren zur WB Hs. Loburg. (Im Park von Schloß
Loburg darf nicht geradelt werden!) Vor Schloß Loburg l.
zum Neubau Collegium Johanneum; am Chor der Kapelle r.

in den Park. In östl. Ri. 1 km bis zur B 51, diese queren - durch die Hülsheide - Rottwinkeler Heide - hinter der Schirl-Schule l. - vorbei an den Hfn. Rottwinkel und Rengering - durch die Bever Mark nach Kloster **Vinnenberg** (WH/B). Von Vinnenberg zunächst auf Ldstr. nach Milte (B) - den ersten Weg r. - durch die Milter und Hörster Mark - vorbei an den Hfn. Kullage, Bellmann und Grawinkel (vor Grawinkel doppelseitiger barocker Bildstock) - nach 300 m r. und immer, auch in der großen Linkskurve, geradeaus - durch die Vechtruper Heide - am Krankenhaus Maria Frieden vorbei nach **Telgte** (E/B). Von hier wie unter Nr. 9 und 9b nach Münster.

13a. Von Kloster **Vinnenberg** zurück wie unter Nr. 13 - bis Hf. Rengering. Hier l. an Hf. Stadtmann vorbei, etwa 3 km durch die Schirlheide (Abstecher nach l. und r. zu empfehlen); über den Frankenbach, dann r. an den Hfn. Schulze Althoff und Lütke Westhues zum Dorf Westbevern. Dann wie unter Nr. 12 durch die Klatenberge nach Telgte und Münster. [50 km]

13b. Von Hs. Loburg bis Dorf **Ostbevern**; in Ostbevern erfrage man den Weg auf den Grevener Damm. Von Ostbevern verläuft dieser alte Richtweg 17 km lang in ziemlich gerader Ri. und führt durch Laub- und Mischwald, Kiefern- und Heidegebiete; O: Hfe. Haarhaus, Pellmann, Krampe und Brokkötter. Von hier 2,3 km zum Dortmund-Ems-Kanal - diesen überqueren und 2 km durch die schöne Kroner Heide in westl. Ri. über die AÜ (E 3) bis kurz vor Ldstr. Ladbergen–Greven. Hier scharf l. durch die Bsch. Maestrup, vorbei am Hf. Lippmann, erreicht man am Stadion die Hauptstr. in Greven (E/B); von hier wie unter Nr. 18 (rü.) oder Nr. 40 nach Münster. [56 km]

14. Münster - Telgte - Hs. Langen - Westbevern - Gimbte - Münster [36 km]

Bis **Telgte** wie unter Nr. 9. An der Marienlinde am Stadteingang l. dem x-Zeichen der Wdstr. 15 nach - über **Hs. Langen** (s. auch Nr. 9a und 10); ab Hs. Langen wie unter Nr. 11 - jenseits der Str. Westbevern–Greven geradeaus die Bahngleise queren und dem x-Zeichen der Wdstr. 5 nach - weiter durch die Brüskenheide (in Höhe vom Hf. Weglage I. der Gertrudensee) - dann an Topphoffs Mühle vorbei - über den Kanal in südwestl. Ri. zur Ldstr. Greven–Münster; von hier - durch das NSG Bockholter Berge - über die Ems auf den Kirchturm von **Gimbte** zu. In Gimbte zunächst Str. nach Sprakel - beim x-Zeichen der Wdstr. 23 nach I. einbiegen, dem x-Zeichen folgen - durch die Rieselfelder und Coerheide nach Münster.

15. Münster - Coerheide - Kinderhaus - Münster [12 km]

Niedersachsenring - verlängerte Piusallee - vor dem Bahndamm I. - Weg entlang den Bahngleisen - Bahndamm in Höhe Gut Nevinghoff queren - dann I. am Kötterhaus vorbei - die Königsberger Str. queren - Coerheideweg - **Coerheide** - Coerder Liekweg - überqueren und weiter geradeaus durch den Wald. Am Ende des Waldes halbr. zu den Schießständen. Von hier 500 m zum NSG Gelmer. L. auf Hf. Messing zu (300 m nach r. WH Heidekrug). Von der Str. bei Hf. Messing dem Zeichen O des Rundweges folgen - an Hs. Coerde vorbei - nach Überqueren der Aa, Waldweg I., am Hof Schulze-Dieckhoff vorbei - durch die Allee auf **Kinderhaus** zu - am Max-Clemens-Kanal entlang - Hs. Bröderich. An der Kreuzung bei Hs. Bröderich 3 Möglichkeiten in die Stadt: a) Weiter geradeaus Max-Clemens-Kanal, und vor der Bahn r. den Weg über KW Wienburg; b) halbrechts über die Wienburgstr.; c) r. den Bröderichweg hoch, dann I. über die Salzmannstr.

16. Münster - Coerheide - Kinderhaus - Gasselstiege - Münster [12 km]

Nordplatz - Wienburgstr. (wie unter Nr. 15 rü.). KW Wienburg - Kanalstr. queren - Gut Nevinghoff; an diesem vorbei bis zum Bahngleis - dann wie unter Nr. 15 bis **Kinderhaus**. O-Zeichen des Rundweges folgen durch den Torweg des Altersheimes - über den Kinderbach - vor der Waldschule r. in den Wald - erster Weg I. bis zum Fahrweg „Nordmark" - I. bis zur Str.

Heidegrund - r. bis „zum Bergbusch" - diesen bis **Gassel-stiege** (Wdstr. 24) - Gasselstiege l. - vorbei an KW Wilhelmer (auf der Höhe schöne Rundblicke) - Hfe. Schulze Gassel, Haarmann und Gr. Jüdefeld - bis zur Grevener Str./Stein-furter Str. - Münster.

16a. Münster - Horstmarer Landweg - Gasselstiege - Nienberge - Kinderhaus - Münster [24 km]

Durch die Promenade oder durch die Stadt am Dom vorbei zum Schloß - Universitätskliniken - Coesfelder Kreuz - v.-Esmarch-Str. - sofort r. den Fuß-/Radweg - Gievenbecker Weg queren - Universitätssportplatz am **Horstmarer Landweg** - hier l. und nach 200 m r. in die Wasserstr. - dieser etwa 2 km folgen - dann über einen der Seitenwege r. zur Steinfurter Str. - diese nach l. und dann r. am Wasserschloß Wilkinghege vorbei l. in die **Gasselstiege.** Hier bald auf das schöne Laubenpättken achten, das l. der Str. verläuft! - l. Hf. Schulze Gassel - etwas weiter l. ab, den Vorbergweg - KW Wilhelmer, zur Ldstr. B 54 - Ri. r. nach **Nienberge.** Hier vor dem Baum-berger Hof (r.) in die Brüggstiege, die einmündet in den Wirt-schaftsweg nach r. und diesen bis AU (ca. 1,5 km). Durch die AU - auf die Str. Heidegrund - Brüningheide - Am Burloh (l.) ; Grevener Str. überqueren - Bröderichweg - r. Salzmannstr. - durch den Lienkamp - Wienburgstr. nach Münster.

17. Münster - Coerheide - Rieselfelder - Gimbte - Dortmund-Ems-Kanal - Münster [32 km]

Wie unter Nr. 12 bis Coerder Liekweg. Diesem nach l. folgen bis Hf. Messing). Nach r. KW Heidekrug - hier l. abbie-gen und dem geraden Weg nach - am Ende l. bis vor die Eisenbahngleise - hier r. dem Hohlweg folgen - durch das Tal am Hf. Schlüppmann vorbei - dann l. durch die Riesel-felder nach **Gimbte.** In Gimbte auf die Ems zu - r. abbiegen zur Emsbrücke - diese queren - geradeaus bis Löns-Stein - nach r. an Hs. Oeding vorbei (wie unter Nr. 12 rü.) - über Git-trup - am Kanal entlang - nach Münster.

18. Münster - Gimbte - Greven - Hüttruper Heide - Schmedehausen - Münster [42/48 km]

Bis Gimbte wie unter Nr. 17. Weiter dem x-Zeichen der Wdstr. 23 nach - am Hf. Bröker vorbei - AU - nach 4 km vor WH Schöneflieth l. nach **Greven** (E/B); hier am Gesellenhaus r. einbiegen - dann Weg l., dem x-Zeichen der Wdstr. 23 folgen - in die **Hüttruper Heide** - am Eltingmühlenbach r. ab zum Naturfreunde-Haus. Von hier entweder als

18a. weiter an den Hfn. Lütke-Suntrup, Dabeck und Hegemann vorbei zur Eltingmühle; diesseits des Kanals bleiben - weiter l. am Hf. Sandfort vorbei - hier den alten Postdamm wählen und durch die Kroner Heide ins NSG Bockholter Berge. Hier am Löns-Stein vorbei wie unter Nr. 14 nach Gimbte und weiter wie unter Nr. 17 rü. nach Münster. [42 km]

18b. vom Naturfreunde-Haus in Ri. Schule - hier r. abbiegen - 3 km (am Flughafen Münster-Osnabrück entlang) - geradeaus bis zum Kanal - hier 200 m r., dann den Kanal queren - vor Hf. Farwick r. - AU - danach in gerader Ri. 2,5 km l. an Hf. Kötterjohann vorbei. In Höhe von Hf. Kuck den harten Weg r. wählen und diesen etwa 3 km durch das Kattenvenn anhalten bis zur Ldstr. Lengerich-Westbevern. Auf dieser r. in die Bsch. Westbevern-Brock (Informationen im WH Wemmer); von hier weiter wie unter Nr. 11 nach Münster [48 km]

19. Münster - Westbevern-Brock - Lengerich - Tecklenburg - Ladbergen - Greven - Münster [75/85 km]

Bis Westbevern-Brock wie unter Nr. 11 und 13. Von Westbevern-Brock zum nächsten Hauptziel **Lengerich** auf einem der vier Wege unter Nr. 19, 19a, 19b oder 19c. Nr. 19 hat das x-Zeichen der Wdstr. 15 und die O: Hs. Erpenbeck und Hs. Vortlage;

19a. führt durch das Kattenvenner Moor mit folgenden Hfn. zur O: Baumkötter, Mindersorgen, Hackriede, Ehemann, Beinecke, Stille, Wittkamp und Worpenberg (in nächster Nähe alte Wasser- und Windmühle); (weiter s. Nr. 19b).

19b. verläßt 400 m hinter Hs. Erpenbeck r. die Str. nach Lengerich; O: mit r./l./r.-Kurs: Hfe. Rehorst und Worpenberg; Nr. 19a und 19b führen ab Hf. Worpenberg an der alten Windmühle vorbei durch das Königsesch und die Hohner Mark nach Hs. Vortlage; ab hier wie unter Nr. 19.

19c. bei Hs. Erpenbeck wie Nr. 19b, Str. nach Lengerich mit r./l.- Kurs und der O: Hfe. Huckriede, Hunsche und Hs. Vortlage. (Nr. 19, 19a, 19b und 19c laufen ab **Hs. Vortlage** sämtlich weiter als Nr. 19 bis Tecklenburg.)

Von Hs. Vortlage geht es dann weiter zur Ldstr. Greven-Lengerich (E/B). In **Lengerich** am Bahnhof der TWE-Eisenbahn l. halten in Ri. Heilanstalt (Abstecher nach Stift Leeden zu empfehlen - Weg ist in der Karte angedeutet); von Lengerich 3 Touren nach **Tecklenburg:** a) über den Kleeberg, b) durch die Exterheide (Hf. Stalljohann), c) von Leeden über Margaretenegge. Ab Tecklenburg O: zum Bf. Tecklenburg der TWE (Teutoburger-Wald-Eisenbahn). Hier l. WB Haus Mark (Bes. Diepenbrock-Grüter; Innenbesichtigung möglich). Weitere O: zur AB - davor im spitzen Winkel nach r. zurück an den Hfn. Schlatmann und Strothmann vorbei - südl. Ri. 1,3 km, dann l. über die AB, r. am Sonnenhügel entlang - O: Hfe. Kröner und Hölscher - Schule - Hfe. Rethemeier, Buddenkuhl (r.) und Hagen - durch die Bsch. Overbeck, die B 475 überqueren - nach **Ladbergen** (von Tecklenburg bis hier 13 km). In Ladbergen an der Ki. r. - die AB überqueren - vor dem Dortmund-Ems-Kanal l. - O: Hf. Farwick - AU - und weiter mit der Nr. 18b durch das Kattenvenn nach Westbevern-Brock. Von hier mit der Nr. 13 oder 11 nach Münster.   [75 km]

19d. Bf. Tecklenburg - auf der Str. nach Ladbergen - an Hf. Hülshof vorbei - die Ldstr. Brochterbeck-Lengerich queren. Nach 300 m hinter dem WH r. durch die Bsch. Wechte. Ca. 5 km hinter der Wechter Schule mit x-Zeichen der Wdstr. 6 r. ab - immer geradeaus - O: Hfe. Büscher und Schäper (Wechter Mark) - über den Dortmund-Ems-Kanal hinweg - Hf. Mersmann - nach Saerbeck (Tecklenburg - Saerbeck 12 km). In Saerbeck Ldstr. nach Münster. Nach 500 m Ldstr. 475 l. ein-

Das „Hockende Weib" in den Dörenther Klippen   →
bei Ibbenbüren/Brochterbeck erzählt mit seinen Felstrabanten
aus dem Sagenreichtum des Münsterlandes

biegen; nach ca. 2 km rechts ab, im r./l.-Dreh über den Eltingmühlenbach - O: Hf. Große Drieling - auf dem harten Weg
nach **Greven** (Saerbeck - Greven 11 km). Von Greven mit der
Nr. 18/17 oder 40 nach Münster (Greven -Münster 13 km).

20. Münster - Gimbte - Sprakel - Max-Clemens-
Kanal - Münster [18 km]

Bis Gimbte wie unter Nr. 17. In Gimbte Weg zur Bsch. Aldrup
(2 km) erfragen. Hier am Hf. Frede l. - die Ldstr. Greven-
Münster queren und am WH l. und bald wieder r. über die
Bahn, durch die Aldruper Mark am Hf. Wiethölter vorbei zum
Max-Clemens-Kanal. Diesen l. am WH Renfert („Zur höltenen
Schluse") vorbei - geradeaus über Kinderhaus wie unter
Nr. 15 nach Münster.

21. Münster - Gimbte - Sprakel - Max-Clemens-Kanal -
Gasselstiege - Münster [24 km]

Bis vor Gimbte wie unter Nr. 17. L. Ldstr. nach **Sprakel** - hinter der EÜ r. an den Baumschulen Hanses-Köring vorbei -
AU - nach 300 m l. und wieder r. zum Max-Clemens-Kanal -
l. WH Renfert. Ab hier in Ri. Kinderhaus - nach 1 km r. ab -
x-Zeichen Wdstr. 24 bis Bf. Nienberge - nach 300 m l. abbiegen - x-Zeichen weiter verfolgen durch die Gasselstiege
nach Münster.

22. Münster - Max-Clemens-Kanal - Kinderhaus -
Bsch. Hansell - Altenberge - Gasselstiege -
Münster [25 km]

Kanalstr. - ehem. **Max-Clemens-Kanal** - bis Kinderhaus
(r. WH Waldschlößchen). Die B 219 queren und weiter
am Kanal entlang, nach 3 km WH Renfert („Zur höltenen
Schluse"). Ri. weiter anhalten - nach 1,2 km l. x-Zeichen der
Wdstr. 5; O: Hf. Hülshorst, Ki. **Hansell.** Weiter über die Hanseller Str. nach **Altenberge** (E/B), dem höchstgelegenen
Dorf des Münsterlandes mit großartigen Ausblicken nach

allen Richtungen und abwechslungsreicher Landschaft. Von Altenberge zurück - von der Hanseller Str. Abzweigung nach r. in die Hedwigstr. Am Großen Berg vorbei und weiter bis vor Hf. Volbert - l. über die Bahn - nächster Weg r. halten - nach 1,5 km l. - am Wegekreuz vor Hf. Kemper r. über den Hüttenbach - wieder r. - nach 1 km über die Bahngleise am Hf. Reken vorbei zur Ldstr. Nienberge-Greven - (hier 300 m l. bis Bf.). Unser Weg geht an der anderen Seite der Str. in die Gasselstiege und durch diese wie unter Nr. 21 nach Münster.

23. Münster - Hansell - Altenberge - Hohenholte - Haus Rüschhaus - Münster [40 km]

Bis Altenberge wie unter Nr. 22 - Ortsmitte - B 54 bis Möbelhaus Köster - Wanderweg Lütke Berg nach 1 km r. bis Kreisstr., l. Ri. Hohenholte am Hf. Schulze Ekel vorbei bis Brennerei Geuker-Wiedemann, l. 200 m r. - O: Hs. Sieverding - nach **Hohenholte** (B). Hier zuerst den Klosterweg, dann l. den Horstmarer Landweg bis zur Ldstr. Nienberge-Roxel:

a) diese überqueren - r. bis WH und hier l. - nach 400 m r. die AU und danach l. und wieder r. zum **Hs. Rüschhaus** (Annette-Museum).

b) nicht bis zur Ldstr. Nienberge-Roxel sondern vorher nach r. abbiegen, O: Hf. Brirup - an diesem vorbei - im Linksdreh durch die AU und auf der Str. l. nach Hs. Rüschhaus.

Ab Hs. Rüschhaus an der östl. Gräfte entlang - in nördl. Ri. - nach 400 m r. über die Autobahnbrücke - an deren Ende r. zum Rüschhausweg und auf diesem entweder in gerader Ri. - O: St.-Michael-Ki. Gievenbeck - oder am Transformatorenhäuschen l. ab durch die Siedlung Toppheide - Enschedeweg - O: Ki. in Gievenbeck. Hier l. in die Appelbreistiege - (eine „Delikatesse" ist das Pättken, das hinter der Schule l. abbiegt durchs Feld auf den Gievenbecker Weg) - Coesfelder Kreuz - Schloß - Domplatz.

24. Münster - Aasee - Mühlenhof-Freilichtmuseum - (Allwetterzoo) - Haus Rüschhaus - Schloß Hülshoff - Münster [35 km]

Aasee (Bootshafen) - Annette-Allee - (Zentralfriedhof) - Kardinal-v.-Galen-Ring (Ampel). Auf der gegenüberliegenden Seite l. am Ring entlang (oder geradeaus über die Sentruper Str.) zum **Mühlenhof-Freilichtmuseum.** (Von hier 1 km bis zum **Allwetterzoo.**) Zurück zur Sentruper Str. Hier l. bis zur Str. Auf dem Draun - diese bis zur Str. Theresiengrund. R. ab zur Schmeddingstr. und auf dieser zur Roxeler Str. Hier auf dem Radweg nach l. bis zur Str. Gievenbecker Reihe (vor dem Kasernenblock). Diese bis Billerbeckweg r. und - auf diesem - bis Borghorstweg - Ahausweg - in den Nünningweg - Hs. Mariengrund, dann im Rechtsdreh zum Rüschhausweg. Hier l. und vor der Autobahn-Auffahrt r. durch die Häuserzeilen zur Fußgängerbrücke über die AB Hansalinie. An deren Ende l. nach **Hs. Rüschhaus** (Annette-Museum; die Dichterin wohnte hier von 1825-45). Von Hs. Rüschhaus in die alte Allee und auf der Str. l. und gleich r. am Ponyhof vorbei - nach 500 m r. - Hs. Vögeding (Rest einer WB) - zwischen den

Hfn. Große und Lütke Schulze Wermeling hindurch - im Linksdreh bis zur Ldstr. Gerade gegenüber auf der Westseite der Ldstr. ist der geplante Weg in seiner 2. Hälfte ab Hf. Baumhöfer (2. Hof) noch nicht fertig. Bis zur Fertigstellung deshalb nach l. abbiegen und an der Gabelung r.: Entweder nach 200 m l. in die Allee zur WB **Schloß Hülshoff** (Museum; WH Burgkeller) - oder 800 m weiter auf der Anhöhe, vor der Bushaltestelle l. in das Feld-/ Waldgebiet und nach 200 m

l. dem Weg nach auf Schloß Hülshoff zu. (Hier Annette-v. Droste-Hülshoff geboren am 10. 1. 1797.) Vor der Zugbrücke l., die Vorburg umwandern und zurück - vorbei an der Rentei zur Ldstr. Hier l. bis Abzweigung nach r. Albachten. Nach ca. 1 km l. Str. Im Rüschenfeld bis Querstr. in **Roxel**. L. und sofort wieder rechts in den Stodtbrockweg, 1 km im Linksdreh um Hf. Schulze Stodtbrock herum - links die AÜ - im Rechtsdreh durch das schöne Tal mit Aufstieg r./l. zur Straße nach Münster. Hinter der Niederung, in Höhe von Ramertsweg (l.), r. einbiegen und nach 400 m an der dicken Eiche (ND) l. in das schöne Wäldchen r. über das Lahrkamp-Pättken mit O: Hf. Rethmann und Hf. Beckmann l. - vor den Kleingärten l. und vor Hs. Bakenfeld r. durch das Tal Güörtpott - Theresiengrund - Ki. - Kliniken - Schloß - Domplatz.

25. Münster - Gasselstiege - Max-Clemens-Kanal - Nordwalde - Altenberge - Münster [46 km]

Promenade im Kreuzviertel - Lazarettstr. - Schulstr. - die Grevener Str. überqueren - in die **Gasselstiege** - den York-Ring queren und weiter die Gasselstiege - vor dem Rektoratsweg l. ab - am Hf. Haarmann vorbei - Idenbrockweg - diesem nicht folgen, sondern geradeaus weiter die Gasselstiege - nach 500 m in der Rechtsschwenkung den Laubengang wählen, der l. an der Gasselstiege entlang verläuft - vorbei am Hf. Schulze Gassel und WH Wilhelmer. Immer dem x-Zeichen der Wdstr. 24 nach und auf der Ldstr. Nienberge-Greven nach r. über Bf. Nienberge zum **Max-Clemens-Kanal** (s. Nr. 21 rü.). Hier l. - WH Renfert - WH Vosskotten. Von hier noch 2 km bis Ldstr. Nordwalde-Greven; hier 500 m l. und dann bei Blomberg r. einbiegen; weiter im sachten Linksdreh durch Rohlings Venn - O: Hfe. Hanhoff, Kannenbrock und Leuermann; an Hs. Bispinkhof vorbei nach **Nordwalde** (E/B) - im Ort halbl. abbiegen - an der Fabrik vorbei. Nach 1,2 km die Bahngleise queren - O: Hfe. Waltermann, Große Brinkhaus und Voß bis Hf. Gerdes r. - B 54 queren - durch den „Schwarzwald" zum Paschhügel - durch eine leicht hügelige Landschaft nach **Altenberge**. Ab hier wie unter Nr. 23 über Hohenholte nach Münster.

26. Münster - Max-Clemens-Kanal - Emsdetten - Emsdettener Venn - Burgsteinfurt - Borghorst - Nordwalde - Münster [78 km]

Bis WH Renfert und Vosskotten wie unter Nr. 22 oder 25. 2 km nach WH Vosskotten, auf der Ldstr. Greven-Nordwalde 500 m l. und hinter Blomberg r. einbiegen, am Hf. Schulze Westerode vorbei und nach 1,5 km wieder scharf r. zum **Max-Clemens-Kanal** - an diesem 6,5 km entlang, über die Ldstr. Emsdetten-Nordwalde hinweg (ab hier sehr lohnende Abstecher nach l. in Lintels Brook und in die Brennheide); in Höhe von Hf. Spaning r. ab durch die Gemarkung Ahlintel nach **Emsdetten.** (Nur 4 km sind es in das Venn, wenn man bei Hf. Spaning nicht r. abbiegt nach Emsdetten, sondern geradeaus am WH vorbei der Nr. 26a folgt; diese trifft im Venn auf das x-Zeichen der Wdstr. 6 - man kann l. nach Burgsteinfurt und r. nach Emsdetten abbiegen.) In Emsdetten erreicht man das x-Zeichen der Wdstr. 6 zum Venn in der Mesumer Str. Etwa nach 1 km führt der Weg l. ab durch die Bsch. Westum. Vom NSG **Emsdettener Venn** aus überquert man in Höhe von Hf. Ribbers den Max-Clemens-Kanal und hält die westl. Ri. etwa 6 km an durch das Hollicher Feld nach Burgsteinfurt. O: Hfe. Visbör, Elkmann und Niehues (Entfernung Emsdetten-Burgsteinfurt 15 km). In **Burgsteinfurt** beginnt der Rad-Wanderweg am Bagnoeingang in Nähe der WB - durch das Bagno dem x-Zeichen nach bis zur Ldstr. nach Borghorst. Diese nach 400 m nach l. verlassen - nach 600 m r.; hinter Borghorst wieder x-Zeichen der Wdstr. 13 - durch die Bsch. Scheddebrock. O: Hfe. Thiemann, Tiemann und Lepper. 1,2 km hinter Hf. Lepper r. abbiegen und nach Hf. Isermann l. nach **Nordwalde.** Ab hier weiter wie unter Nr. 25 nach Altenberge; von hier wie unter Nr. 22 oder 23 nach Münster.

26a. Burgsteinfurt - Mesum - Elte - WB Surenburg [110 km]

Von Münster bis Burgsteinfurt wie unter Nr. 22, 23, 26 oder 25 rü. In **Burgsteinfurt** Ldstr. nach Emsdetten; in Höhe des Freibades (r.) l. einbiegen, Ri. Bsch. Hollich; O: Hfe. Schulze

Diese alte Mühle (WH) am Eingang zum fürstlichen Bagno spiegelt → sich in der Gräfte von Westfalens größter Rundburg Burgsteinfurt

Leugering und Rüsse. An der nächsten Gabelung r., Str. queren - nach 400 m halbl. einbiegen; 300 m hinter Hf. Deitert l., dem Mesumer Damm nach (4 km) durch das Hollicher Feld - bis WH Clemenshafen am Max-Clemens-Kanal - den Kanal queren und 6 km in gerader Ri. nach Dorf **Mesum** (E). Ab Mesum Ldstr. nach Elte - diese 500 m hinter dem Dorf nach r. verlassen - nach 1,2 km am Hf. Schürmann l. und nach 1,2 km Fähre Bocholt an der Ems - mit dem Kahn übersetzen - WH; hier Wege durch Sand- und Heidegebiete nach Elte über Hf. Rüther erfragen (2,5 km). Ab **Elte** nach WB Surenburg durch das Wilde Weddenfeld (6 km) - verläuft in ziemlich gerader Ri.; 4 km hinter Elte halbr. abbiegen zum Ziel. Ab **WB Surenburg** wie unter Nr. 40a über Emsdetten (E) - Hembergen - Greven (E) nach Münster.

Von der Surenburg aus sind recht lohnende Radwanderungen möglich nach Bevergern (2 km); Riesenbeck (2 km), Ibbenbüren (10 km); und von hier weiter in die Schafberge zum NSG Heiliges Meer, sowie nach Recke, Hopsten, Mettingen, Westerkappeln, Brochterbeck („Hockendes Weib") und zur mittelalterlichen Burgstadt Tecklenburg. Für dieses Gebiet empfehlen wir die Wanderkarte Tecklenburger Land (im Verkehrsverein Tecklenburg und Buchhandel).

27. Münster - Havixbeck - Baumberge - Stevertal - Nottuln - (Billerbeck) - Havixbeck - Hs. Stapel - Münster [62 km]

Bis Hülshoff wie unter Nr. 24. Von der Oberburg mit dem x-Zeichen der Wdstr. 24 in die Bsch. Herkentrup; am Ende des schönen Waldpättkens ein Findling als Totengedenkstein - hier Ri. weiter anhalten - Ldstr. queren - etwa 3 km durch Wald- und Feldflur bis Ldstr. Auf dieser l. - nach 600 m r. einbiegen (Hf. Hillebrand); über den Schlautbach - Hf. Schulze Schleithof - am Hf. Lenter vorbei - weiter auf Havixbeck zu bis zur Dorfstr. - am Friedhof vorbei zum alten Kirchplatz von **Havixbeck.** Durch das Dorf in Ri. Nottuln - an WB Havixbeck vorbei - hinter der Bahn l. ab und durch die Bsch. Lasbeck auf ansteigenden Wegen in und durch die Baumberge.

Von hier über 3 Wege nach **Nottuln:**

27a. über die Jugendherberge Nottuln ins Stevertal.

27b. über WH Schulz zur Ldstr. - diese 200 m r. und dann l. hoch - an Twickels Kotten und Hs. Meyer vorbei; l. halten - Domkuhlen (Baumberger Sandsteinbrüche) - zum Longinus- turm (Aussichtsturm UKW-Sender) - von hier über die Jugend- herberge ins Stevertal.

27c. vom Longinusturm führt ein 2. Weg über Schulze- Bisping ins Stevertal.

Nun wieder Forts. von Nr. 27: Im **Stevertal** bei Schulze- Westerrath alte Wassermühle; ab hier Feldweg nach Nottuln. (Zwischen Nottuln - durch das Nonnenbachtal - und Biller- beck bis in die Staatsforsten ist das alte Ludgeri-Pättken wie- der passierbar.) In **Nottuln** nehme man sich Zeit für die schöne Gesamtanlage dieses mustergültigen Dorfes mit seinen Sehenswürdigkeiten und Besonderheiten. (Prospekt bei der Gem.-Verwaltung oder in der Konditorei Bohr und in der Gast- stätte/Blaudruckerei Kentrup.) Von Nottuln in das schöne Uphoventtal - entweder durch das Nonnenbachtal am Freibad vorbei mit Rechtsabbieger nach 1,2 km - oder die Dorfstr. nach Havixbeck hoch und, vorbei am Krankenhaus, an der nächsten Kreuzung l. einbiegen; O: Hfe. Rohlmann und Holtmann - weiter r. und mit Wegweiser zur Ldstr. Havixbeck-Billerbeck. Am Transformator (l.) r. einbiegen - Weg anhalten mit Rechts- dreh in das Bombecker Tal; nach 2 km den Krummer Bach queren - r. hoch zur Ldstr. diese queren - am Hf. Sicker vorbei r. hoch bis zum Waldausgang, dann r. durch die Siedlung, weiter geradeaus, am Forsthaus vorbei zur Ldstr., hier 100 m r., dann l. am WH Schulz hoch, nach 1 km l. ab durch die Bsch. Lasbeck nach Havixbeck. In **Havixbeck** Str. in die Bsch. Gennerich; nach 2,5 km Wasserschloß **Hs. Stapel;** nach 200 m r. über Stapels Mühle - O. Hf. Niehoff - hier r., nach 1,3 km l. zum Horstmarer Landweg, dann r. wie unter Nr. 23 und 38 über Hohenholte zurück nach Münster.

28. Münster - Mühlenhof - Zoo - Roxel - Baumberge - Bösensell - Mecklenbeck - Münster [42 km]

Am Aasee l. entlang - über Tormin-Brücke - l. Sportpark Sentruper Höhe - **Mühlenhof-Freilichtmuseum** - Sentruper Str. - **Zoo** - weiter geradeaus durch die Aaniederung auf Bsch. Altenroxel zu. Hier l. und gleich r. an der Brennerei Schulze-Altenroxel vorbei - O: Hf. Kipp - über den Meckelbach, durch die AU - geradeaus 300 m, dann r. - in der Niederung r. über die kleine Holzbrücke - vor der Autobahnraststätte West l. zum Stadtteil **Roxel** (E/B). An der Ki. r. - Annette-v.-Droste-Hülshoff-Allee/Havixbecker Str. bis Km-Stein 12,2; hier l. Str. Im Rüschenfeld bis Bösenseller Str. (1,4 km). (Hier r. 2 km zur Havixbecker Str., dann l./r. zum Schloß Hülshoff.)

Unsere Tour Nr. 28 läßt uns die Bösenseller Str. überqueren, und in gerader Ri. geht es - (bei ungünstigen Wetter- und Wegeverhältnissen auf der Bösenseller Str. nach l. abbiegen und nach etwa 500 m Anschluß nehmen an die Tour Nr. 35 durch das Königsbrook) - etwa 3 km weiter - am Hf. Kohaus vorbei zur Ldstr. Hohenholte-Bösensell. Hier 500 m nach links zur Tour Nr. 35, die kurz vor dem Bf. Tilbeck erreicht wird. Ab hier mit der Tour Nr. 35 weiter bis zur JH Nottuln. Von hier 1,5 km ins Stevertal. (Besuch des alten Stiftsdorfes Nottuln [2 km] sehr zu empfehlen.) Aus dem gastlichen Tal, an Schulze-Westeraths Wassermühle vorbei, zur Ldstr. Schapdetten (l.) - Nottuln (r.) - geradeaus weiter - am alten Kupferhammer und Hf. Kramer-Bartels vorbei, nach 600 m l. auf Schapdetten zu. Dorfstr. nach Münster nach 500 m nach r. verlassen. Detter Heide. O: Hfe. Larkamp, Tenberge und Holle (schönes Waldgebiet mit Feme-Kreuz nördl. vom Hf. Larkamp). - In **Bösensell** Str. nach Roxel, nach 500 m nach r. verlassen, vorbei an den Hfn. Große und Kleine Austrup zur B 51 (1 km). Auf der östl. Str.-Seite weiter, O: Hf. Schulze-Pröbsting - EÜ und AÜ - WB Hs. Ruhr. Hier B 235 nach l. sofort r. ab, 1 km bis zur Kreuzung. Hier l. einbiegen und nach ca. 600 m am Hf. Essmann r. einbiegen - nach 300 m l. und nach 400 m r. - O:

Die gotische Hallenkirche mit der barocken Turmhaube →
von J. C. Schlaun, wohlerhaltene Stiftshäuser von Schlaun und der Kirchplatz bilden den Mittelpunkt Nottulns, des ältesten Stiftsdorfes in Westfalen

Hf. Wilhelmer - vor diesem r. ab, nach 300 m l., nach 400 m. l. am Hf. Eggemann vorbei - über die AÜ und weiter EÜ - dann 200 m im Rechtsdreh zur B 51; r. AU und nach 300 m l. einbiegen - Stodtbrockweg - am Ende r. über die Gleise in die Mecklenbecker Str. und mit dieser - am Aasee entlang - nach Münster.

28a. Stevertal - (Appelhülsen) - Buldern [16 km]

Vom Stevertal aus Ldstr. Schapdetten-Nottuln queren; O: Hf. Kramer-Bartels (alter Kupferhammer) - hier geradeaus weiter, nach 1,6 km Hf. Schulte Hauling. Dann r. und nach 600 m l. abbiegen, O: Hfe. Kammann und Hartz; bald r. einschlagen nach Hs. Küchling, und von hier weiter in südwestl. Ri. auf **Appelhülsen** zu. Wer Appelhülsen meiden will, überquert die B 67 300 m vor dem Dorf - biegt vor dem Hf. Thier r. ab und kommt an den Hfn. Wenning und Höckesfeld vorbei zum Pflegeheim St. Martinistift. Vor dem Stift l. weiter mit Rechtsdreh zur Ldstr. Hier l. durch die Dorfbsch. und am Hf. Dehmann l. in gerader Ri. auf Buldern zu.

29. Münster - Mühlenhof - Mecklenbeck - Hs. Tinnen - Venne - Amelsbüren - Münster [38 km]

Nach Mecklenbeck wie unter Nr. 28 - am Zoo vorbei - v o r der Aaniederung l. über Hs. Kump (Reithalle St. Georg) zur Mecklenbecker Str. r., über die Kreuzung geradeaus - an der Martin-Luther-Ki. l. zur B 51 - am Bf. Mecklenbeck vorbei - über die AÜ - nach 1,5 km r. durch die AU nach **Hs. Tinnen**. Dieses r. liegenlassen, geradeaus - an der zweiten harten Str. (l. steht ein Hs.) r. ab - nach 400 m l. ab; O: Hfe. Kleine und Große Wilbrenning, Bessing und Holtkamp. Wo an dem nach r. einbiegenden Wirtschaftsweg eine weiße Bank steht, noch 100 m geradeaus und in Höhe des alten Schuppens nach l. zur Str. Senden-Amelsbüren. Hier über die Kanalbrücke (Dortmund-Ems-Kanal) - Ri.-Schild Ottmarsbocholt - in das verträumte Moorgebiet der **Venne**. Hinter dem Mittelpunkt der Bsch., der sehr stimmungsvoll von Kirche, Speicher und Wirtshaus gebildet wird, gleich l. einbiegen und nach 300 m wieder l. - die Ri. 3 km anhalten. Auf halbem Wege ein WH; 600 m an der AB entlang, dann l. einbiegen - über Hf. Schenking - Kanalbrücke - und am anderen Ufer entlang 3 km - AU - bis kurz vor die EÜ; hier l. zur Ldstr. - r. durch die EU, dann l. in den Wirtschaftsweg, der an der Ziegelei vorbeiführt, weiter r./l. - Thierstr. - „Grafschaft" kreuzen - Vennheideweg - l. Elsa-Brandström-Weg - die EÜ durch den Sternbusch - Sternbuschstr. - r. über die Bahn zum Düesbergweg, hier r. und nach 100 m l. am Clemenshospital vorbei über die Brücke - Saarbrücker Str. - Grüner Grund - in die Stadt.

29a. (Münster) - Venne - Venner Moor - Senden - (Appelhülsen) - Buldern - Kloster Karthaus - Dülmen [28 km]

Bis Venne wie unter Nr. 29. Von WH Prinz 200 m in Ri. Kanal - dann im spitzen Winkel einbiegen ins **Venner Moor** - nach 200 m r. und nach 500 m l. - nach 400 m wieder r. - harte Str. geradeaus (in Höhe Forsthaus) verlassen und nach 1 km l. am Hf. Schulze Tomberge vorbei mit Rechtsdreh über den Kanal und dann l. nach **Senden.** Von hier entweder durch schöne Gartenwege oder am Kanal entlang nach WB Hs. Senden, WH. Von hier in nordwestl. Ri. in die Bsch. Holtrup; O: Hfe. Feldmann, Holtrup, Strietholt und Einbröcker - Leppingheide - (von hier in nördl. Ri. nach **Appelhülsen!** [s. u.]) - Hfe. Große und Kleine Gorgemann - durch die Bsch. Hangenau - Hfe. Walbersmann, Kortmann und Große Hülsemische - über die Bahn nach Buldern. (Von Venne bis hier 19 km.) Von **Buldern**-Ortsmitte in westl. Ri.; nach 300 m r. an der Ki. vorbei - O: Hf. Samson am Mühlbach; hier r. - nach 600 m l. - Hf. Steghaus - nach 800 m am WH Str. queren und auf das ehem. Kloster **Karthaus** zu, WH. Von hier am Hf. Weddern vorbei - durch die Bsch. Weddern - nach **Dülmen** (Bf.).

Hinweis: Von Leppingheide (s. o.) - in nördl. Ri. 6 km bis Appelhülsen (Bf.) - O: Hs. Giesking und Hf. Gerbersmann. In Nähe von Appelhülsen-Bf. (1,5 km) WB Gr. Schonebeck.

29b. (Münster) - Venne - Venner Moor - Senden - Dortmund-Ems-Kanal - Lüdinghausen [25 km]

Bis Venne wie unter Nr. 29 und weiter bis Hs. Senden wie unter Nr. 29a. Von **Hs. Senden** zurück an den Kanal - an diesem etwa 8 km entlang - dann l. über die Kanalbrücke - nach 100 m l. einbiegen bis Hf. Hövelmann; hier r. durch das Wald- und Heidegebiet „Dicke Mark", bis zur Schule an der Ldstr.; von hier r. durch die Waldlandschaft in Ri. Klutensee - unterwegs O: Hfe. Hesselmann, Kordes und Konermann. Von hier zum Klutensee (WH) - nach 2 km WB Vischering - Lüdinghausen (Bf./B)

30. Münster - Venne - Davensberg - Rinkerode - Hohe Ward - Münster [45 km]

Münster - Geistkirche - Saarbrücker Str. - über die Brücke - am Clemenshospital vorbei - r./l. Sternbusch - über die Bahn - l. durch den Sternbusch und weiter wie unter Nr. 29 rü. in die **Venne.** Von der Ki. in Venne wieder zurück - l. den harten Weg 1,5 km anhalten - dann halbr. und nach 2,5 km l. - nach 1 km scharf l. und wieder r./l. - AÜ. Danach 600 m l. und wieder scharf r. und wieder über die AB nach **Davensberg.** Im Dorf am alten Wehrturm vorbei zum Bf. - AÜ - ca. 5 km geradeaus, am Kruzifix bei Hf. Schulze Pellengahr vorbei - O: Hs. Bisping (Wasserschloß) - zum Dorf und Bf. Rinkerode. Unterwegs - durch die Hohe Heide - in Höhe von Hf. Füchtling (r.) und 500 m vor Hs. Bisping Abzweigmöglichkeiten nach l. zur nahegelegenen WB Hs. Borg und in große, zusammenhängende Waldgebiete der Davert. In **Rinkerode** vor der Ki. l., dann halbr. radeln - Schienenweg queren - sofort l. abbiegen - x-Zeichen der Wdstr. 16 - halbr. halten - am Hf. Dahlhoff l. vorbei - nach 1,5 km scharf r. und nach 500 m wieder l. - nach 1 km Abzweigung halbl. - nach einem weiteren km WH Borgert - hier auf der gegenüberliegenden Straßenseite über die Werse; O: Hf. Watermann. Nach 100 m l. vorbei an Hs. Dahl - Hf. Twenhöven und Hf. Hamsen - zum Künstlerdorf Angelmodde. An der Ki. vorbei an der Str. nach Münster jenseits der Werse l. ab - Homannstr. -

nach 500 m vorbei am Hf. Homann - Hubertus-Reithalle - zur Ldstr. Hier 400 m nach l. und am Ortsrand von Gremmendorf r. einbiegen - Weg 600 m im sanften Linksdreh anhalten - über den Böddingheideweg und Gremmendorfer Weg hinweg - 300 m - über den Loddenbach - KW Sebon. Von hier entweder geradeaus durch den Wald (Wdstr.-Zeichen O) oder den Kaldenhofer Weg - an Hf. Kaldenhof vorbei - im Linksdreh über Hs. Lütkenbeck - r. den Lütkenbecker Weg - über die Umgehungsstr. - Dortmund-Ems-Kanal - Münster.

31. Münster - Venne - Ottmarsbocholt - Davensberg - Hiltruper See - Hohe Ward - Angelmodde - Münster   [56 km]

Bis Venne wie unter Nr. 29 oder 30. Hinter der Ki. l. - nach 500 m r. durch den schönen Mischwald und nach etwa 2 km am Waldrand r. und l. durch die Feldflur auf die Ki. Ottmarsbocholt zuradeln. In **Ottmarsbocholt** Str. nach Davensberg; 700 m hinter dem Dorf r. ab - x-Zeichen der Wdstr. 3 - O: Hf. Bracht - durch den Wald und dann auf die Ldstr.; hier r. ab nach **Davensberg.** (Von Davensberg über Hs. Byink - Hs. Romberg nach Ascheberg - WH Jagdschlößchen, E/B). In Davensberg Str. am mittelalterlichen Festungsturm vorbei zum Bf. Von hier Waldpättken zur Ldstr. Davensberg-Amelsbüren.

Auf dieser 5 km bis WH Wittlerbaum (unterwegs Abstecher in stille Landschaft lohnend). Bei Wittlerbaum r. ab weiter durch die Davert. O: Hf. Druffel. Weiter in nordöstl. Ri. zur Ldstr. Hiltrup-Rinkerode, diese queren - Freibad **Hiltruper See** - Waldhotel. In Höhe des Sees den breiten Sandweg über die Bahngleise in die **Hohe Ward.** Nach ca. 1,4 km hinter dem Wasserwerk der Stadt Münster (l.) einbiegen nach l. Nach 1,2 km wieder l. im

spitzen Winkel - mit Rechtsorientierung am Hf. Everding vorbei über den Emmerbach zur Ldstr. Hiltrup-Wolbeck. Diese 200 m l. und dann r. einbiegen - an Hs. Maser vorbei - Heeremansweg - WH Münnich; r. Münnichweg - zum Albersloher Weg - hier l. die EU und nach 200 m r. über den Heumannsweg - Lindberghweg l. - Hs. Lütkenbeck und weiter wie unter Nr. 30 nach Münster.

32. Münster - Amelsbüren - Hiltruper See - Hiltrup - Münster [26 km]

Geistkirche - Saarbr. Str. - Umgehungsstr. queren - Hs. Geist - am Bf. Geist über die Bahn - Brunnenweg - Kappenberger Damm - hier l. und hinter Hs. Looz den Weg „Grafschaft" l. einbiegen - Bahnübergang - Thierstr. - hier r. und gleich l. am Hs. des Malers Hartwig durch die Siedlung Am Brook - danach r. an der Ziegelei vorbei - den harten Weg bis zur Kreuzung - Str.-Schild „Albertsheide"bis Str. An der Alten Kirche - hier r. u. Richtweg bis Ldstr. Hiltrup-Amelsbüren; Str. queren - vorbei an WH Viehmeyer - in die Amelsbürener Str. - l. Baumschulen und Rosenkulturen Eschweiler - über die Kanalbrücke - an Hf. Schulze-Harling (l.) und Hs. Brüning-Sudhoff (r.) vorbei auf der Ldstr. Amelsbüren-Davensberg 2 km bis WH Wittlerbaum - hier wie unter Nr. 31 bis **Hiltruper See**; vor der Bahn l. abbiegen - EU - Radweg am Kanal entlang - Str. Hiltrup-Wolbeck queren - weiter Ri. anhalten - nach 1 km r. durch Schmitz-Kühlken - WH Münnich und weiter wie unter Nr. 31 nach Münster.

32a. Münster - Amelsbüren - Davert - Hiltruper See - Hohe Ward - Wolbeck (Tiergarten) - Angelmodde - Münster [32 km]

Über Wittlerbaum und weiter bis Hiltruper See wie unter Nr. 32. Hier wie bei Nr. 31 den Sandweg in die **Hohe Ward**. Aber erst 1,5 km weiter als die Wasserstation nach l. einbiegen - nach weiteren 1 km halbl. - nach 1 km WH Borgert. Hier die Ldstr. Albersloh-Münster überqueren - weiter über die Werse hinweg - Hf. Watermann - 1,2 km r. ab - Bahn queren und

Ldstr. Wolbeck-Albersloh - in den Staatsforst **Tiergarten.**
Hier O : zum Hs. Markfort (östl. Ri.) : von hier zurück zum Eingang von Wolbeck her - am Forsthaus vorbei nach **Wolbeck**
(Wasserschloß/Museum und Kneippbad, E/B). In Wolbeck die
Münsterstr. bis Ford-Werkstätte. Hier l. einbiegen - am Friedhof vorbei durch die Felder nach **Angelmodde** (WH Hoffschulte). Von hier l. über die Werse zur Ki. und von hier weiter
wie unter Nr. 30 nach Münster.

32b. Amelsbüren - Hiltruper See - Amelsbüren [12 km]

In Amelsbüren - durch die Str. Zum Haepper - Pater-Kolbe-Str.
bis Hs. Nr. 18; hier l. durch einige Häuserzeilen in den Feldweg
zur Amelsbürener Stiege - hier kurz r., dann l. an Hs. Köbbing
vorbei, dann r. 700 m bis zur harten Str., hier l. - Ldstr. Münster-Hamm queren und weiter geradeaus mit Halblinksdreh zum
Hiltruper See. Von hier zurück auf demselben Weg bis zur
Ldstr. Münster-Hamm - diese queren und nach 1,2 km nach r.
verlassen - über einen schönen Schlängelpatt zum Hf. Eikendrup; von hier l. ab - durch Vorgärten nach Amelsbüren.

33. Münster - Venne - Davert - Rinkerode - Alst - Wolbeck - Münster   [44 km]

Bis Rinkerode wie unter Nr. 30. In **Rinkerode** nach der Bahnüberquerung gleich r., dem Göttendorfweg nach - O: Hf.
Aldrup; weiter am Bahndamm entlang. Nach etwa 2 km, hinter
dem zweiten Wohnhaus l. einbiegen — die Werse überqueren, nach 700 m am Hf. Welpendorf vorbei und immer
durch eine schöne abwechslungsreiche Landschaft auf den
Wald zu; hier r. ab mit dem Feldweg - nach 300 m l. und
wieder r. auf den harten Wirtschaftsweg; auf diesem nach l.
zur Ldstr. Albersloh-Drensteinfurt. Diese l. bis Km-Stein 4,5,
danach r. (wie in der Karte eingetragen) am Transformatorenhäuschen vorbei - O: Hf. Ahrenhorst (nach l. umfahren) - und
auf den Hf. Böcker zu. Vor diesem l. auf den Feldweg und nach
400 m r. bis zum Wegkreuz vor Hf. Pieper; dann l. (Zwischen

Ahrenhorst und weiter hinter Pieper auf 1 km schlechte Wege-
verhältnisse und bei schlechtem Wetter nicht zu empfehlen!
Der Reiz der Landschaft aber ist einfach großartig und ent-
schädigt für Umwege und Anstrengungen.) Ab Pieper weitere
O: Hfe. Hobelmann und Borgmann - und 100 m vor der Ldstr.
Allersloh-Sendenhorst r. - O: Hf. Wessel - hier l. zur Str. und
auf dieser r. 1 km bis zum WH in **Alst** (alter Haltepunkt der
WLE, B). Hier l. über die Bahngleise - O: Hfe. Grevinghoff,
Buhne, Rüschhoff, Gerdes und Haselohn - an Hs. Backhaus
vorbei zur Ldstr. - diese nach r. 200 m und dann l. einbiegen
zum **Tiergarten**. Hier geradeaus zum Forsthaus und dann
weiter wie unter Nr. 32a nach Münster.

34. Münster - Venne - Ottmarsbocholt - Lüdinghausen - Borkenberge - Halterner Stausee - Dülmen - Karthaus - Rorup - Coesfeld - (Billerbeck) - Havixbeck - Münster [112 km]

Bis Ottmarsbocholt wie unter Nr. 31. In **Ottmarsbocholt**
Wegweiser nach Lüdinghausen - Bsch. Altenhövel; O: Hf.
Hegemann; vorher l. ab - weitere O: Hfe. Große und Lütke
Altenhövel, Koddenbusch, Schiefenhövel und Düllmann -
nach Lüdinghausen; in **Lüdinghausen** WB Vischering -
weiter Ldstr. nach Olfen - Bahn und Kanal queren - kurz hinter
der Brücke r. ab durch die Wolfsschlucht - Hs. Katenberg-
Seppenrade - Ldstr. nach Dülmen - nach 800 m bei Hs.
Reickert l. - O: Hfe. Uphof und Thier - dann etwa 12 km in
ziemlich gerader Ri. durch die Borkenberge (unterwegs [s.
Karte] lohnender Abstecher nach l. WH Heimingshof, Stevertal) - zum **Halterner Stausee** (Bootsfahrten und Freibad) -
vorher l. Jugendherberge - Bsch. Overrath - Hs. Niemen -
Pättken nach Stockwiese - Schießstände l. liegen lassen; am
Sandbach entlang - nach 1,5 km l. über den Bach - durch die
Liemert - nach 500 m r.; Hfe. Lindenbaum und Dernekamp r.
liegen lassen - an Hf. Osterkamp vorbei und Bahn queren -
Große Teichmühle; weiter auf Hausdülmen zu - hier Str.
queren - O: Hf. Bering und Wildpark - Stadt **Dülmen**. In

Wasserburg Vischering, die älteste unter den Rundburgen im
Münsterland, ist auch die schönste →

Dülmen Str. nach Rorup - nach 1,2 km in Höhe von Hf. Ein-
haus r. ab - Hf. Ernst - nach 500 m Str. queren - Schule; hier r.
zum ehem. Kartäuserkloster **Karthaus**. In Karthaus l. -
nach 2 km Hf. Frieling, dann r. - Kloster Maria Hamicolt - l.
nach Rorup. Im Dorf **Rorup** O: Hs. Schwickering - Hölster -
Hf. Elsblecker bleibt l., Hf. Büscher r., Hfe. Reiberg und Zum-
bült l. liegen; weiter durch die Bsch. Kalksbeck (Hf. Bäumer) -
hier entweder geradeaus oder r. über WH Klinke nach **Coesfeld** (E/B); in der Stadt Ri. nach Benediktinerabtei Gerleve -
am Honigbach beginnen - Halblinksführung. O: Hfe. Wies-
mann und Rier. Nach 4 km Benediktinerabtei Gerleve (WH);
von hier l. hoch und auf der Ldstr. r. - nach 2 km Str. queren -
O: Hf. Daldrup - nach 2,2 km im sachten Linksdreh durch die
Mark (schönes Waldgebiet) zur Ldstr. Nottuln-Billerbeck
(3 km) - hier l. - hinter dem WH r. durch die Staatsforsten ins
Tal Uphoven - hier l. am Ende - hinter Hf. Holtmann r. - am
UKW-Sender (l.) und Longinusturm (r.) vorbei - l. einbiegen
über Hf. Meyer r. nach **Havixbeck.** Von hier wie unter Nr. 27
rü. über Schloß Hülshoff nach Münster.

35. Münster - Baumberge - Darup - Lette - Velen - Ramsdorf - Gemen (Borken) - Rhede - Bocholt [92 km]

Promenade - Schloßplatz - Roxeler Str. - am Coesfelder
Kreuz r. in die v.-Esmarch-Str. Am letzten der Institutsgebäude
(Gerichtsmedizin) r. - dann l. in die Appelbreistiege einbiegen
nach Gievenbeck. Hier an der Michaelis-Kirche l. einbiegen in
den Arnheimweg - mündet auf die Str. Gievenbecker Reihe.
Auf dieser nach r. bis Ramertsweg und auf diesem l. zur Ldstr.
Münster-Roxel; hinter der Talniederung l. und in Höhe von
Schloß Hohenfeld r. über die AB. Dann r. und erste Str. l. und
auf der Ldstr. Albachten-Roxel wieder r. Wenn Bahngleis
überquert, l. am Bf. vorbei zur Ldstr. Roxel-Schapdetten. Hier
l. und nach 800 m in der Kurve gerade Ri. anhalten - das Wohnhaus l. liegenlassen - durch das Rüschenfeld in das Königsbrook (Hs. Brook bleibt r. liegen) ca. 3 km; O: Hf. Rauße. Auf
der Ldstr. l. bis Bf. Tilbeck, diesseits der Bahn bleiben - r. und

ersten Weg hinter dem Hs. l. - Bahn queren - (in der Nähe liegt die Krankenheilanstalt Maria Hilf) - nach 1,5 km r. - in der Bsch. Natrup etwa 500 m r. und dann den 2. Weg l. einbiegen in die **Baumberge**. Weg windet sich zur Höhe - auf dem Kamm r. mit Hinweis nach WH „Leopold" - beim Verlassen des WH „Leopold" bald r. - nach 200 m wieder r. einbiegen und nach weiteren 200 m wieder l. - hier Weg oder Pättken parallel dem Wiesental nach r. - an der Ruhebank l. ab - auf dem Feldweg ins Stevertal. Am Ende des Hohlweges, der diesseits der Talsiedlung nach l. verläuft, an der Wassermühle Schulze-Westerrath r. die Dorfstr. benutzen - am WH Elvers vorbei bis Ldstr. Nottuln-Havixbeck, hier r. und sofort wieder l. - O: Hfe. Schulze Bisping und Kellermann - hier l. durch die Bsch. Uphoven zur Ldstr.; diese queren, über den Nottulner Berg - r. in die Schlucht einbiegen. Im Wald gleich Linkskurve nehmen - durch den Tannenwald - im Nonnenbachtal (l. ab radelt man mit lohnendem Ausblick auf Nottuln zu) dem x-Zeichen über den Bach hinaus folgen - Weg führt mit lohnenden Aussichten in gerader Ri. auf die Ldstr. Billerbeck-Nottuln; nach Überqueren der Ldstr. im l./r.-Dreh in den Wald einbiegen - im geraden Anstieg bis zum Holzkreuz auf der Höhe vor Nottuln - 100 m weiter, dann r. ab - am Waldende l. - dem breiten Weg durch den Wald nach über die Daruper Höhen an der Wiese entlang nach **Darup** (B). Hier Ldstr. nach Coesfeld; nach 500 m am Bildstock l. einbiegen - durch Wiese und Wald absteigend zur Waldkapelle. Von hier 500 m in südl. Ri. - dann r. und nach 700 m l. - dann nach r. die Ldstr. Rorup-Billerbeck queren. Ri. anhalten durch die Roruper Mark - O: Hfe. Schulze Eliab, Koners und Große Hölting. Nach 500 m scharf einbiegen - auf den Kirchturm von Lette zu - am Dorfrand „Höltingshof". In **Lette** Ldstr. nach Coesfeld. An der Gabelung l. - an der Windmühle vorbei durch die Bsch. Kalte. Hier l. über die Bahngleise Dülmen-Coesfeld - 600 m anhalten, dann im sachten r./l.-Dreh - EU 1,2 km Coesfeld-Reken - nach 500 m scharf l., Weg 3,5 km anhalten - über den Bach zum harten Weg; hier r. und nach 300 m vor dem Hf. Dickebülten l. - 1 km am Hf. Voßkühler vorbei - Ldstr. Groß Reken-Coesfeld queren - weiter geradeaus - nach 1,5 km einbiegen - nach 500 m l. und diese Ri. durch das Weiße Venn ca. 3 km anhalten; weitere O: Hfe. Bone und Endejan - nach 1,5 km geradeaus nach **Velen** (E/B). Von WB Velen aus gleich hinter der Bocholter Aa Pättken l. ab zur Badeanstalt - diese l. lassen - über die Aa; Hf. Garbert r. liegen lassen zum Knüverdarp - r. ab über den Hf. Bröker - Bahn queren und sofort l. Ri. **Ramsdorf** (Heimatmuseum). Nach Verlassen des Dorfes in Ri. Borken r. abbiegen - Sportplatz r. lassen; hier l. - nach 1,3 km den Bach queren - nach 1 km r. - hinter Hf. Gerding l. eindrehen und geradeaus in Ri. **Gemen** (WB) zuhalten; hinter dem Burgpark nach l. Bahn queren und sofort r. bis zum Bahnübergang (Strecke Borken-Weseke); diesen nach l. queren und geradeaus am Hf. Bußkamp (ehem. Prattenburg) vorbei - nach 600 m am WH halbr. und nach 1 km l. ab; O: Hfe. Rössing, Südholt und Garvert. Nach 1,2 km r. ansteigend, bald scharf l. - Ldstr. queren; O: Hfe. Hidding, Uhlenbrock und Schulze-Beickel; von hier geradeaus nach WB Rhede (Entfernung von Gemen bis Rhede etwa 12 km).

In **Rhede**:

35a. hinter der Kapelle l. mit O: Hfe. Schmitz und Blumenkamp - nach 800 m l. und Bahn queren - nach 500 m im r./l.-Dreh zur Ldstr. nach **Bocholt**.

36. Münster - Venne - Ottmarsbocholt - Lüdinghausen - Olfen - Ternscher See - Schloß Nordkirchen - Davensberg - Davert - Münster [72 km]

Bis Ottmarsbocholt wie unter Nr. 31 und ab hier weiter bis Lüdinghausen wie unter Nr. 34. Hinter Kanalüberquerung Str. bis **Olfen**; nach Olfen Kanal queren - ein Stück Str. nach Selm, l. abbiegen - **Ternscher See** (WH am Nordufer) - kleiner Weg auf Bahnlinie zu - Bahngleise auf der Straße nach Selm queren - Selm - bei Disselbrede l. kleinen Weg auf Nordkirchen zu - O: Hfe. Busford und Schaeper - Wasser-

Das Stevertal in den Baumbergen ist eines der stillen, für das Münsterland so charakteristischen Täler →

schloß **Nordkirchen** - am Sportplatz r. ab - Str. nach Capelle. Hinter Capelle

a) l. an Hs. Ichterloh vorbei - oder

b) nächsten Weg l. durch den Ahrenbergschen Forst.

Str. nach Ascheberg - ab Ascheberg zunächst Str. nach Davensberg - nach 1 km l., dann r. - vor Hs. Romberg l. - über die Bahn - dann r. an Hs. Byink vorbei - nach **Davensberg** - von hier wie unter Nr. 31/32 nach Münster.

37. Münster - Davensberg - Ascheberg - Schloß Westerwinkel - Ascheberg - Davert - Münster [60 km]

Bis Davensberg wie unter Nr. 31; Str. von Davensberg nach Ascheberg wie unter Nr. 31 oder 36 (rü.). Ab **Ascheberg** durch die Bsch. Heigemer und Lütke Bakenfeld; O: Hf. Lendermann; Emmerbach queren - r. ab nach WB **Schloß Westerwinkel** - durch den Forst - vorbei am Kiebitzkotten - von hier zurück über Nr. 36b oder 36 nach Ascheberg. **Ascheberg** (E/B); über die AB im Linksdreh durch die Osterbauerschaft - vorbei am Hf. Schulze Pellengahr - r. ab durch Hohe Heide - und nach 2 km hinter Hf. Schulze-Füchtling l. ab durch die **Davert**; nach 1,5 km wieder l. bis Hf. Lütke Breuing - hier r., 2 km bis WH Wittlerbaum; von hier wie unter Nr. 32 (rü.) oder Nr. 32 über Hiltruper See nach Münster.

38. Münster - Baumberge - Stevertal - Billerbeck - Horstmar - WB Hs. Alst - Laer - Münster [96 km]

Münster - Baumberge - Stevertal bis Nottulner Berg wie unter Nr. 35. Hier die bisherige Ri. anhalten - den Nonnenbach queren und nach 1 km auf der Str. Nottuln-Billerbeck 200 m r., dann l. den Waldweg hoch und am Hf. Grotthoff sacht nach r. abdrehen und durch das schöne Waldgebiet talwärts - etwa parallel der Ldstr., an der Kolbenburg vorbei, nach **Billerbeck** (B/E). Von Johanniskirche und Ludgerusdom zum Freibad. Hier in die Massenhauerstr., die in den Gantweg mündet. Mit diesem über die Bahngleise und weiter nach 400 m die Ldstr. Billerbeck-Darfeld queren und dann den ersten Feldweg l. hoch zur Weißenburg (H und KW, schöne Aussicht). Weiter auf der Landstraße nach Darfeld. (Auf der Anhöhe Weitblick über die Waldgebiete rund um die WB Schloß Darfeld.) Nach 800 m r. und sogleich wieder l. in Nachbarschaft der Ldstr. nach Darfeld. Hinter der Bahn geht ein Weg ab zur WB Schloß Darfeld (Erbdroste zu Vischering). In Höhe der Zufahrt zur Oberburg geht r. der Weg ab in nordwestl. Ri. - endet nach 600 m an der Ldstr. Osterwick-Darfeld. Diese queren und 2 km Ri. anhalten am Hf. Beilmann vorbei - durch die Bsch. Geitendorf - O: Hs. Burlo und Hfe. Schepers und Wienker -

zum Wallfahrtsort Eggerode. (Von Schloß Darfeld bis hier etwa 6 km.) Nach Besichtigung dieses idyllischen Dorfes nehme man auf einem der Wege Ri. zum 3 km entfernt gelegenen Burgmannsstädtchen Horstmar, wo noch ein Hauch mittelalterlicher Romantik uns das Verweilen würzt. In Horstmar den Fahrradweg entlang der Ldstr. nach Burgsteinfurt. Nach 1 km r. und nach 300 m l. und nach 1,2 km Weg im l./r.-Dreh bis Hf. Hüwe - hier r. ab - Bahn queren und nach WB **Hs. Alst**; hier an der Schule vorbei in gerader südöstl. Ri. nach **Laer** (B) - O: Hf. Blanke (4 km). In Laer den Weg nicht wie in der Karte eingezeichnet, sondern durch das schöne Dorf zur Ldstr. nach **Holthausen** (Ortsteil der Gemeinde Laer) wählen. Auf dieser nach 800 m l. - vorbei an Hfn. Merschkötter, Frecking und Löbberding bis Ldstr. Billerbeck-Altenberge; von hier auf dem alten Horstmarer Landweg wie unter Nr. 27 oder 23 nach Münster.

38a. Billerbeck - Osterwick - Legden - durch die Bröke - Stadtlohn - Vreden - Zwillbrocker Venn [66 km]

Bis Billerbeck wie unter Nr. 38. Von Billerbeck aus wählt man - weil die stark veränderten Landschaftsverhältnisse das geboten erscheinen lassen - zunächst die Tour Nr. 38 bis zur Str. Osterwick-Darfeld, 1 km hinter Schloß Darfeld. Hier l.- nach 2,5 km **Osterwick.** (Billerbeck - Osterwick 9 km.) In Osterwick Str. nach Holtwick. Nach 700 m r. einbiegen; nach 1,2 km beim Hf. Hasselkamp zunächst weiter und dann scharf l. zur Ldstr. Osterwick-Asbeck. Auf dieser 300 m l. und dann r. - den Weg ca. 5 km anhalten - an den Hfn. Haardt und Eynk vorbei zum Dahliendorf **Legden.** In Legden Weg zum Bf. wählen - Bahngleise queren - nach 1,5 km WB Hs. Egelborg - an der anderen Abzweigung nach l. - auf der harten Str. r., an der Schule vorbei - geradeaus - nach 2 km l. und wieder r. - geradeaus durch **die Bröke** (Laub- und Mischwald) (4 km), dann nach 400 m harter Weg zum Bf. Almsick - aber nach 500 m diese Str. verlassen und in gerader Ri. Bahngleise queren - nach 5 km l. und nach 1 km wieder r.; O: Hf. Vaskamp. Nach 2,2 km B 70 Stadtlohn-Ahaus queren; O: Hfe. Rennekamp, Kötting und Steggemann (im Hengeler Wendtfeld) - am nächsten Hf. Bügers scharf l. und den Weg 5 km anhalten - über Bsch. Kleinemast, am Hf. Wansing vorbei, nach **Vreden.** In Vreden Weg erfragen, der zwischen Hf. Jammer und ehemaliger Ziegelei - von der Ldstr. r. ab - in gerader Ri. durch die Bsch. Gaxel - vorbei an den Hfn. Lefert, Früchting und Overkamp - durch das Ellewicker Feld führt; nach 8 km, kurz vor dem NSG **Zwillbrocker Venn** r. ab - nach 1,5 km Weg l. und dann r. - wiederum l. - am Rand des NSG vorbei - mit Rechtskurs durch Zwillbrock (Grenzüberg. nach Holland).

39. Münster - Gremmendorf - Angelmodde - Wolbeck - Münster [24 km]

Münster Hbf. - durch die EU am Bf. - Str. queren und l. am Verlagshaus Aschendorff (r.) vorbei in die Schillerstr. - Hohenzollernring queren - Handelslehranstalten l. lassen -

über den Dortmund-Ems-Kanal - Umgehungsstr. queren. Hs.
Lütkenbeck - nach l. umradeln - im Rechtsdreh durch die EU -
gleich r. und im Walde dem x-Wanderzeichen nach - KW
Sebon - **Gremmendorf** Ortsmitte r. lassen - zweimal Str.
queren und auf der Ldstr. Radfahrweg nach l. und nach 500 m
r. - Hf. Vornholt - Reitbahn von St. Georg Wolbeck - Gleise
queren und l. zur Homannstraße. Auf der Homannstr. r. bis
Vogelrohrsheide - darauf l. in den Ortsteil Angelmodde West -
durch Am Schütthook - Theodor-Heuss-Str. - Eichendorff-
str. - an der Schule Ri. zur Werse - über das Burgschemm -
nach **Angelmodde**. Südl. vom alten WLE-Bf. Gleis queren,
dann l. bis zum Hallenbad, weiter zum Schulzentrum und ab
hier die Von-Holte-Str. bis Hiltruper Str. - dann l. zur Ortsmitte **Wolbeck** (WB [Museum], Bes. v. Merveldt; Kneippbad). Nach Angelmodde (WH Hoffschulte) über die Münsterstr. bis Kreuzung Am Borggarten / Eschstr. - diese l. einbiegen
und immer geradeaus durch die schöne Feldflur. Von WH
Hoffschulte Pättken zur alten roman. Ki. mit Grabstätte der
Fürstin v. Gallitzin. Von der Ki. über die Str. r. über die Werse
den Weg anhalten zur Kreisstr. Wolbeck-Münster. Hier zwischen Ri. Everswinkel und Münster die Abzweigung - und
nach 3 km an Hs. Vehoff l. über KW Pleistermühle - Pleistermühlenweg - nach Münster.

40. Münster - Gimbte - Greven - Kroner Heide - Bsch.
   Pentrup - Greven - Max-Clemens-Kanal -
   Münster   [36 km]
Vom Nordplatz über die Wienburgstr. - KW und H Wienburg -
bis Bröderichweg; r. an Hs. Bröderich vorbei Ri. Coerde -
hinter dem Bahngleis l. am Bahndamm entlang und diesen
dann nach r. queren; sofort l. am Hf. Messing - am WH Heide-
krug vorbei - durch die Gelmer Heide - nach 3 km bei Kreuzung
mit dem Hessenweg l. durch die Rieselfelder nach **Gimbte**.
Von hier wie unter Nr. 18 bis **Greven** - r. ab Str. nach Hüttrup,
B 481 queren, nach 1 km l. ab durch die Bschn. Wentrup und
Pentrup mit Linksdreh zur Ldstr. Greven-Saerbeck. Hier am
Hf. Glanemann die Ldstr. queren - O: Hf. Lehmkuhl - nach
1,5 km in der Merschheide l. - O: Hfe. Kokenbrink, Albertmann -

hier weiter Ri. ca. 2 km anhalten; O: Hfe. Winkelmann, Heck-
mann - hier r. die B 481 überqueren und nach 600 m l.
durch die Wentruper Berge - nach Überqueren der B 219 -
auf Greven zu. In **Greven,** Bahnhofstr. Gleise der Bahn
queren - l. ab durch die Dansenbörger Heide - WH Gronenburg -
WH Vosskotten am Max-Clemens-Kanal - an WH Renfert
(,,Zur höltenen Schluse") vorbei - **Max-Clemens-Kanal**
zurück nach Münster.

40a. (Bsch. Pentrup) - Saerbeck - WB Surenburg - Emsdetten - Münster [75 km]

Ab Saerbecker Ldstr. (Glanemann) auf Saerbeck zu. In **Saerbeck** Str. nach Ibbenbüren - nach 500 m l. - dem Riesenbecker
Damm nach - nach 3,5 km Hühnerfarm - nach 1,5 km an der
Gabelung die halbl. abzweigende Ri. wählen - diese nach
300 m nach l. verlassen und Ri. 2,5 km durch Wald und Wiesen
anhalten - dann l. 300 m - wieder r. und nach 500 m nochmals
r. - nach weitern 300 m l. - nach 600 m halbl. - nach 400 m r.
und wieder l. und wieder r. nach **WB Surenburg** (20 km ab
Saerbeck). Ab Burghof r. am Schloßhotel vorbei und kurz nach
Zusammentreffen mit Ldstr. r. über die Steinbrücke der Be-
vergerner Aa; nach 300 m wieder r. - nach 500 m l. und nach
300 m wieder l. - nach 700 m erreicht man den Bevergerner
Damm. Diesen in Fahrtri. nach l. - 2,5 km bis Hf. Strot im Felde
(Westermann), hier nach r. einbiegen und den Weg durch das
Sinninger Feld 4 km anhalten zur B 475. Diese r. über die Ems -
WH Waldesruh (Anlegestelle der Personenschiffahrt nach
Rheine) - **Emsdetten** (18 km ab Surenburg). In Emsdetten
Str. nach Hembergen - 200 m hinter der EU nach r. einbiegen -
nach 700 m halbl. Richtweg nach Hembergen (6 km) - ab hier
wie unter Nr. 40 nach Münster.

41. Münster - Telgte - Vechtruper Heide - Einen - Warendorf - Freckenhorst - Everswinkel - Münster [72 km]

Münster - Telgte wie Nr. 9. Str. nach Einen, in Höhe des
Kreuzweges l. abzweigen, nach 400 m am Krankenhaus

„Maria Frieden" vorbei. Nach 400 m Waldweg r. einbiegen. Nach 600 m Ldstr. Hf. Ahlbrand. Hier l. und sofort r.; O: Hfe. Hahues, Bischoff, Wiggering und Hülsmann - **Einen.** Von der Ortschaft Einen 800 m in Ri. der B 64, über die Emsbrücken an der Mühle Drögemöller vorbei, ca. 100 m l. des Weges zum Fensterberg, weiter geradeaus (vor dem Sportplatz) auf den Wald zu. Im Walde etwas r., dann Waldpättken nach. Ca. 200 m weiter steht eine Baumgruppe mit Bildstock (Wegkreuzung vom Hof Drögemöller zur B 64). Hier verläuft geradeaus der alte Münsterlandweg nach **Warendorf.** Durch das Münstertor zur Stadtmitte, dort l. zum Marktplatz, an der Laurentiuskirche vorbei, über die Klosterstr. zum Franziskanerkloster (früher Burg Bentheim). Von hier durch die Klosterpromenade hinter dem Kloster (in der Rechtswendung steht l. der Bentheimer Turm, ein Zeuge der Vergangenheit) zum Osttor. Überqueren der B 64 und des Bahngleises, sogleich r. in die Düsternstr., welche mit sachter Linksdrehung in südl. Ri. weiterführt (ca. 2 km). Am Ende des Weges l. weiter, nach 200 m am Hf. Kunstleve auf den am Waldrand gelegenen Hof Arens zu. Nach vorheriger Anmeldung wird hier für Durchgang gesorgt oder durch den Hausgarten gestattet. Weiter in derselben Ri. bis zum nächsten Gehöft, dort halbr. oder 150 m r., dann l. durch den Wald auf **Freckenhorst** zu. Ab Freckenhorst - Str. nach Hoetmar - nach 500 m hinter der Stadtgrenze l. ab - Bsch. Gronhorst, O: Hf. Löckmann. Wirtschaftsweg etwa 2,3 km einhalten - an der Gabelung r. Hf. Rammkötter; hier l. ab - durch die Staatsforsten mit Abzweigung nach l. Hf. Hengemann. Hier weiter am Forsthaus Everswinkel vorbei durch den Staatsforst; bei Hf. Schoster auf die Ldstr. Everswinkel-Hoetmar. Hier r. nach **Everswinkel.** Von Everswinkel in nordw. Ri. - l. an Hfn. Homann und Wiggenbrock vorbei - nach 600 m r. durch den Heidbusch - nach 2 km Hf. Raestrup - danach nach 500 m l. bei Hf. Renfert einbiegen auf den alten Münsterweg und diesem etwa 4 km folgen. Ldstr. Alverskirchen-Telgte queren - 1,2 km weiter Ldstr. Wolbeck-Telgte queren - 400 m weiter den r. abzweigenden, 1,3 km langen schönen stillen Weg durch die Bsch. Schwienhorst; am Ende ein Wegekreuz - hier Berührung mit dem x-Zeichen der Wdstr. 22 - l. 200 m an Hfn. Farwick und Vehof vorbei über Pleistermühle nach Münster.

41a. Warendorf - Greffen - Sassenberg - Warendorf [26 km]

Ab Warendorf am Nordrhein-Westfälischen Landgestüt vorbei - B 475 nach Sassenberg - diese nach 1,2 km r. verlassen - Hfe. Everwand und Bäumker an der Ems - hier Ri. nach Greffen - Heide, Ödland, Sand, Mischwald - O: Hfe. Korte, Sparenberg, Frielmann, Nünning, Nachtigäller und Lohweg - **Greffen** (Warendorf - Greffen 12 km).

Ab Greffen zunächst die B 513 nach Sassenberg, diese nach 1,5 km hinter Hf. Kuhlmann verlassen - nach r., dann sofort nach l. - Pattweg in spitzem Winkel zur B 513 verfolgen - O: Hfe. Wiefel, Krüllmann und Niemann - meist Schlängelpatt - Heide und Mischwald bis zur B 513 vor Sassenberg - (Greffen - Sassenberg 9 km). In **Sassenberg** Str. Lappenbrink, Langewiese - nach Warendorf (5 km).

Wiede Kämp un hauge Hiegen
Birken blenkert dör dat Grön
Raufenrüek flügg mi enttiegen -
Mönfterland, wat büs Du fchön!

Friedr. Caftelle +

Münster - Stadt mit Air und Flair

Münster ist eine schöne Stadt. Das sagen nicht nur die Münsteraner. Sie können sich auf einen Kronzeugen berufen, auf Theodor Heuss, den ersten Bundespräsidenten der Bundesrepublik. Er pflegte auf die Frage, welche Stadt in Deutschland er für die schönste halte, zu antworten: „Münster!"

Westfalens Hauptstadt blickt auf 1 200 Jahre belegbarer Geschichte zurück. Karl der Große beauftragte den Missionar Liudger, hier ein Kloster, ein „monasterium", zu schaffen; es gab der Stadt später ihren Namen. Außer dem berühmten Dom aus der romanisch-gotischen Übergangszeit birgt die „Stadt im Lindenkranze" noch viele wertvolle historische Bauwerke, die von Einheimischen und Gästen immer wieder bewundert werden.

Das gotische Rathaus am Prinzipalmarkt ist nicht nur durch seinen kostbaren Giebel berühmt geworden (Kunsthistoriker nannten ihn „den schönsten gotischen Profanbau der Welt"), sondern auch durch seinen Friedenssaal: hier wurde 1648 zwischen Spanien und den Niederlanden der „Friede von Münster" beschworen, der den Niederländern nach achtzigjährigem Krieg ihre Unabhängigkeit bestätigte und der zugleich Vorläufer des großen Westfälischen Friedens von Münster und Osnabrück wurde, der die Entwicklung Europas maßgebend beeinflussen sollte.

Wie das Rathaus am Prinzipalmarkt aus den Trümmern des Bombenkrieges wiedererstanden ist, sind auch an vielen anderen Baudenkmälern die Wunden des Krieges vernarbt, ob es sich nun um Kirchen wie St. Lamberti und Überwasser, St. Ludgeri und St. Martini, die Dominikaner- und die Clemenskirche handelt oder um Adelshöfe wie den Heeremanschen Hof in der Königsstraße und den Erbdrostenhof in der Salzstraße oder um das prächtige Barockschloß, das Johann Conrad Schlaun als fürstbischöfliche Residenz erbaute und das heute Zentralbau der Westfälischen Wilhelms-Universität ist, oder um stolze Patrizier- und Gildehäuser, beispielsweise die Giebelhäuser am Prinzipalmarkt oder das Krameramtshaus am Alten Steinweg.

Aber auch moderne Architekten haben der traditionsreichen Stadt ihren Stempel aufgeprägt. Ein charakteristisches Beispiel ist der kühne Theaterbau von 1956, den ein international anerkannter Architekt angesichts der

Der erste Wandersmann des Münsterlandes war der Kiepenkerl — zugleich
auch Verbindungsmann zwischen Stadt und Land. Er gilt heute noch als
Repräsentant des Münsterlandes schlechthin.

vielen restaurativen Tendenzen in den fünfziger Jahren als „befreienden Donnerschlag" bezeichnet hat. Diesem Beispiel schließen sich zahlreiche Großbauten an: Verwaltungszentren, Bankgebäude, Kliniken, Industrieanlagen. So kühn und modern sie auch sind – sie passen sich ein und tragen auf ihre Weise dazu bei, daß Münster sich auch heute eines gediegenen unverwechselbaren Stadtbildes rühmen kann.

Durch Theater und Symphonieorchester, durch Museen und Galerien, durch den traditionsreichen Mühlenhof und den neuen Zoo, den ersten „Allwetterzoo der Welt", strahlt Münster weithin aus. Universität, Pädagogische Hochschule und Fachhochschule werden von 41 000 Studenten besucht; kein Wunder, daß die Atmosphäre der Stadt bei soviel Jugend frisch und lebendig ist. Münster ist aber zugleich auch Handels- und Behördenzentrum, Verwaltungsmittelpunkt für Westfalen, nicht zuletzt Stadt vieler Tagungen und Kongresse, auch Ausstellungsstadt.

Von der anheimelnden Atmosphäre dieser Stadt ist auch der Gast tief beeindruckt, wenn er durch die Altstadt oder über die Promenade, den alten Festungswall, spaziert. Darüber hinaus sprechen zahlreiche Großveranstaltungen an: Philharmonische und volkstümliche Konzerte, Ausstellungen, Reitturniere, Sechstagerennen in der großräumigen Halle Münsterland, der „Allzweckhalle mit Weltstadtprogramm". Die Angebote des Einzelhandels in der City tragen auch dem verwöhntesten Geschmack Rechnung. In zahlreichen Hotels und Gaststätten läßt man sich die Spezialitäten der westfälischen Küche munden. Die Jugendherberge am Aasee hat in aller Welt guten Ruf.

Woher man auch kommt – Münster ist schnell und bequem zu erreichen: über die Autobahn Hansalinie, mit fünf TEE-, 12 Intercity- und sechs DC-Zügen, nicht zuletzt dank der Anbindung des Flughafens Münster-Osnabrück im benachbarten Greven an das großräumige Netz des Luftverkehrs.

Noch ein paar Fakten: 266 000 Einwohner (nach der kommunalen Neuordnung), Verwaltungsmittelpunkt für Westfalen, Oberzentrum für einen Bereich von 1,2 Millionen Menschen, Sitz überregionaler Banken und Versicherungen, zahlreicher namhafter Firmen des Groß- und Einzelhandels.

Wer noch mehr über Münster wissen will - hier eine Doppeladresse: Werbe- und Verkehrsamt der Stadt und Verkehrsverein Münster-Münsterland, beide Berliner Platz 22 gegenüber dem Hauptbahnhof.

DAS MÜHLENHOF-FREILICHTMUSEUM

am Aasee, 500 m vor dem Eingang zum Allwetterzoo, ist eine liebevoll angelegte volkskundliche Anlage mit reich ausgestatteten Bauwerken aus vier Jahrhunderten — ein viel und gern besuchtes Ziel im neuen Freizeitzentrum der Stadt Münster. Man beachte die Hinweisschilder auf Fußwege und Parkplätze. Täglich geöffnet von 9.30 - 17.30 Uhr (mit Einschränkungen in den Wintermonaten). Für Schulen und Vereine wird Voranmeldung dringend empfohlen. — Das Mühlenhaus von 1619 wird auch für besinnlich-frohe Abendstunden am offenen Herdfeuer vermietet. Der repräsentative Gräftenhof von 1720 mit seinen bis zu 300 Sitzmöglichkeiten steht vornehmlich im Dienst der Wissenschaft und Wirtschaft. — Alle Auskünfte: Mühlenhof-Freilichtmuseum, 4400 Münster, Sentruper Straße 225, Telefon (0251) 81638 und 82074.

Von de Pättkes ut

Die Verantwortlichen – wo immer sie sitzen –, die es ernst meinen mit den Geboten der Landschaftspflege und der Gesunderhaltung, mögen den Wanderwegen mehr Beachtung zuwenden. Wanderwege abseits der großen Verkehrsstraßen schenken Besinnung und Erholung, Lebensfreude und Schaffenskraft. Wanderwege mit Tausenden von Kilometern zu einem großen Wanderwegenetz zusammengefaßt, dienen der Verkehrsentflechtung und helfen Verkehrsgefahren mindern.

Zu Verkehrswegen und zu Wanderwegen muß man Vertrauen haben können, d. h. sie müssen in einem ordentlichen Zustand sein. Oft genügen schon einige Karren Schutt oder Asche, um schadhafte Stellen auszubessern.

Lärmverursacher – so auch Mofas – müssen von Wanderwegen, wie wir sie suchten und empfehlen, unter allen Umständen ferngehalten werden.

Bei aller Liebe zur Reiterei – für die braven Vierbeiner müssen besondere Reitwege angelegt werden, weil die üblichen Wanderwege unter den Hufen zu sehr leiden.

Das Münsterland als Pättkesland hat in der modernen Fremdenverkehrswerbung einen guten Namen. Ihn gilt es immer wieder von neuem zu erwerben. Wesentlich dazu beitragen wird die fortwährende Instandhaltung der Wanderwege – insbesondere der in diesem Pättkesführer aufgezeichneten.

Mit der Anlage von Parkplätzen in der Landschaft sollte nicht nur die Aufstellung von Papierkörben, sondern auch deren Leerung verbunden sein.

Das Münsterland muß eine Oase der Ruhe und Erholung bleiben. Man achte deshalb auf Entwicklungen, die dem zuwiderlaufen. „Dat Inböten draff nich dürer wäern äs dat Backen. Buer paß up!"

Eine Bemerkung zum Schluß: Seit die Waldbesitzer durch Gesetz zur Öffnung ihrer Wälder verpflichtet wurden, muß umgekehrt auch für alle Besucher die Verpflichtung zu einem entsprechend richtigen Verhalten gelten.

Ortsangaben

Die durch die kommunale Neuordnung erfolgten Ortsnamen-
änderungen sind in eckigen Klammern nachgestellt. Einge-
meindungen und Zusammenschlüsse sind - soweit sie in den
Ortsangaben erscheinen - außerdem durch Verweisungen
kenntlich gemacht.

Nur die örtlichen Gemeinde- und Stadtverwaltungen bzw. die
zuständigen Verkehrsvereine vermögen zuverlässige Auskünfte über alle Fragen des Reise- und Ausflugsverkehrs zu
geben. Das gilt auch in besonderem Maße für Fragen der
Unterkunft und Verpflegung. Wenn deshalb bei den Ortsein-
tragungen nur jeweils wenige Hotels und Gaststätten genannt
werden, so soll das nur der ersten Orientierung dienen – vornehmlich in Zeiten, da die örtlichen Fremdenverkehrsstellen
geschlossen haben oder nur schwer zu erreichen sind.

Ahaus E: 27220. Seit 1030, Stadtrechte um 1170. Wasser-
schloß (Ende 17. Jh.). Besuchenswert auch Pfarrkirche und
Kreishaus. I. d. N. alte Gerichtsstätte „ton Steenern Krüz" bei
Wüllen. Hallenbad. H: Feldhues, Schloßhotel, Zum Stadtpark,
Zur Post. - S. auch Ottenstein.

Albersloh [jetzt Sendenhorst] Um 1170. Ki. 13. Jh.
Waldgebiet „Hohe Ward", „Thiergartenheide" und „Berl".
G: Borgert, Heumann, Reithof Alst, Zur Post.

Alst WB Bei Horstmar. 17. Jh. Niederländische Renaissance.
Sitz des früheren Westf. Bauernführers Frhr. v. Schorlemer-
Alst (Bes. Karlfried Graf v. Westerholt).

Altenberge E: 7000. Höchstgelegenes Dorf des Münsterlandes. H Stuer; G Stermann (Hansell); Pferdehof Schulze-
Greiving (Waltrup).

Amelsbüren [jetzt Münster] Am Dortmund-Ems-Kanal.
Hallenbad. Ausflugsgebiet Davert. H/R Davert-Jagdhaus; G:
Altes Gasthaus Freitag, Wittlerbaum, Zur Post.

Angelmodde [jetzt Münster] Um 1175. Ki. 13. Jh. Grabstätte der Fürstin Amalie v. Gallitzin († 1806) an der Südseite der Ki. H Kinnebrock-Röll; G: Kaffeehaus Hoffschulte, Strandhof.

Appelhülsen [jetzt Nottuln] Geburtsort von Dr. Friedrich Castelle (1879–1954). H Schriewer; G Bolle.

Asbeck [jetzt Legden] Um 1000. Ehemaliges adeliges Damenstift; Ki. 12. Jh.; Altes Torhaus/Hunnenporte 1630. Reizvolle Hügellandschaft. Pensionen: Balzer, Enseling.

Ascheberg E: 11200. Ki. 16. Jh., Turm 1910. Westf. Pumpernickel-Fabrik. H/R Jagdschlößchen - S. auch Davensberg.

Beckum E: 38300. Schildbürger-Stadt (13. Jh.); Ki. 12.–15. Jh. Nähe Höxberg mit Aussichtsturm und H/R. WB Hs. Assen (16. Jh.; Bes. v. Galen). H Höxberg; H/R Westfälischer Hof; G: Northoff, Zur Windmühle.

Billerbeck E: 9400. Sterbeort des hl. Liudger (809); St. Johanniskirche 13. Jh., Martersäule auf dem Kirchplatz, Ludgerusdom 1898. Prächtige Lage in den Baumbergen. Freibad. Verkehrsverein im Rathaus. H/R Luftkurhaus Weißenburg (Inh. Niehoff); H Homoet; G: Fathmann, Fuselkotten.

Bocholt: E: 70000. Seit 779, Stadtrechte 1222, zweitgrößte Stadt des Münsterlandes, auf 22 km gemeinsame Stadt- und Staatsgrenze zu den Niederlanden. Europastadt. St.-Georgs-Ki. 15. Jh., Rathaus 17. Jh., Schloß Diepenbrock 13. Jh. Guter Ausgangspunkt für Pättkesfahrten ins Münsterland; gekennzeichnetes Wanderwegenetz. Stadtwald mit Teichanlagen und Wildgehege, Konstantinforst, Aa-Promenade. Freizeit- und Erholungszentrum „Aa-See" (insges. 70 ha) mit 40 ha Wasserfläche. Radrennbahn, Sportanlagen, Hallen- und Freibäder. Auskünfte: Presse- und Werbeamt, Rathaus, Berliner Platz 1, Tel. (02871) 953-1; Verkehrsbüro/Stadtinformation. Europaplatz 22. Tel. (02871) 953-298. H: Bahnhofshof, Erzengel, Kaisereck, Kronenburg, Zigeunerbaron.

Bösensell [jetzt Senden] Romanisch-gotische Kirche G: Temme, Wessing.

Borghorst [jetzt Steinfurt, neue Kreisstadt] Beheiztes Freibad, Stadion mit Sportheim, Segelflugplatz. H: Schützenhof, Zur Post.

Borken E: 30300. Kreisstadt. Um 800, Stadtrechte 1226. Mittelalterliche Stadtbefestigungen (5 Türme); einzigartiges Parkschwimmbad. H: Bahnhofshotel, Kolpinghaus, Lindenhof, Nienhaus, Spangemacher. - S. auch Gemen.

Brochterbeck [jetzt Tecklenburg] Um 1150. Reizvolles Dorf inmitten wald- und felsenreicher Berglandschaft; Sommerfrische; Landschaftsschutzgebiet Bocketal mit Trimm-Dich-Pfad. Schwefelbad Holthausen; i. d. N. Dörenther Klippen. H: Heemann, Holthausen, Teutoburger Wald.

Buldern [jetzt Dülmen] Um 800. WB Schloß Buldern (Stammsitz des „Tollen Bomberg"), jetzt Privatschule (Aufbaugymnasium). H: van Lendt, Brodale.

Burgsteinfurt [jetzt Steinfurt, neue Kreisstadt] Vornehmes Stadtbild – viele Kunst- und Baudenkmäler. Rathaus 16. Jh., Johanniterkommende 16. Jh., Hohe Schule 16. Jh., WB Schloß Steinfurt (Rundbau aus 4 Stilepochen ab 12. Jh.; Bes. Fürst zu Bentheim und Steinfurt), Naturpark „Bagno". Freibad. Städt. Verkehrsbüro im Verkehrsverband „Das grüne Band im Münsterland", Tel. (02551) 5090. H: Parkhotel, Rolinck Bräu, Zum Wassertor.

Coesfeld E: 30700. Kreisstadt. Reizvolle Stadt im Grünen zwischen der Hohen Mark und den Baumbergen. Lambertikirche mit Coesfelder Kreuz, Stadtarchiv, Freilichtbühne. NSG Hünsberg, Vogelpark. I. d. N. Benediktinerabtei Gerleve und Schloß Varlar. Gut ausgeschildertes Wanderwegenetz, Sportanlagen und Freibad. Städt. Verkehrsamt, Markt 8, Tel. (02541) 1037. H: Jägerhof, Die Klinke; G Bahnhofsgaststätte. - S. auch Lette.

Darfeld [jetzt Rosendahl] 12. Jh. I. d. N. WB Schloß Darfeld (17. Jh.; Bes. Erbdroste Graf Droste zu Vischering). G: Feldkamp, Mühlenkamp.

Darup [jetzt Nottuln] Um 800. Ki. 15. Jh., Tafelgemälde

unter Einfluß Konrads v. Soest. H Egbering; G Schwering; Pension Koners.

Davensberg [jetzt Ascheberg] Ki. 16. Jh., Burgreste. Mittelpunkt der Davert (3500 ha großes Waldgebiet). G: Börger, Haverkamp.

Drensteinfurt E: 10550. Wasserschloß Hs. Steinfurt (18. Jh.; Bes. Frhr. v. Landsberg). Ki. 18. Jh.; Loreto-Kapelle 1726; Alte Posthalterei 1647. Heimatdorf des Mundartdichters Karl Wagenfeld († 1939). Rittergut Hs. Venne im Mersch. Freibad. H: Münsterländer Hof, Zum alten Brauhaus, Zur Post. - S. auch Rinkerode.

Dülmen E: 37100. Stadtrechte 1311. Kreuzkirche, Kreuzkapelle 1696, Augustinerkloster Anna Katharina Emmerich, Lüdinghauser Tor. Wildpark, Wildpferdegehege im Merfelder Bruch, Borkenberge. Frei- und Hallenbad. H am Markt; G Zum Wildpferd. - S. auch Buldern, Karthaus, Rorup.

Einen [jetzt Warendorf] Um 950. Ki. 16. Jh. Schönes Dorf in ruhiger Lage. G Terlutter.

Elte [jetzt Rheine] Um 1150. Ki. 17. Jh. Abwechslungsreiche Landschaft, Dünenfelder „Hellhügel", „Wanderdünen" und „Wilde Weddenfeld". G Splenterkotten.

Emsdetten E: 30200. NSG Hochmoor Emsdettener Venn und Landschaftsschutzgebiet an der Ems. Waldfreibad, Hallenbad, Reithalle, Kanu-Bootshaus. H: Kloppenborg, Lindenhof; G Altdeutsches Gasthaus Bisping-Waldesruh an der Ems.

Ennigerloh E: 19100. Windmühle, Jakobuskirche (Taufbrunnen); in Ostenfelde Schloß Vornholz (Kavalleriemuseum). Frei- und Hallenbad. H Kröger; G Schulze Empting.

Everswinkel: E: 5900. Gotische Hallenkirche. H Arning; G: Rieping, Schliefka.

Freckenhorst [jetzt Warendorf] Um 850. Stiftskirche mit Krypta und Taufstein (1129). Landvolkshochschule. Reitschule St. Martin und „Wandern zu Pferd" (J. Brinkmann); Freibad. Trimm-Dich-Strecke in F.-Hoetmar. H Huesmann; G: Jungmann, Stiftshof.

Gemen [jetzt Borken] l.d.N.WB Gemen, Rundburg, Neubau 1411, Ausbau 17. Jh.; heute Jugendburg der Diözese Münster. Große Waldungen mit Vogelschutzgebiet „Sternbusch".

Greffen [jetzt Harsewinkel] Ki., Chor und Gewölbe um 1500, 1899 erweitert. G Johannesmann.

Greven E: 27600. Um 800. Ki. 15. Jh. Ausflugsgebiete: Gronenburg, NSG Bockholter Berge, Hüttruper Heide. Freilicht-bühne G.-Reckenfeld. Nahverkehrsflughafen Münster-Osna-brück. Freibad. H: Nettmann, Schraeder (Gimbte); G: Gronen-burg, Zum Aatal (Aldrup).

Haltern E: 29900. 1289. Röm.-Germ. Museum. Wald und Heide. Stausee, Hallenbad, Freibäder. H: Seehof, Seestern, Stadtmühle.

Handorf [jetzt Münster] Bekanntes Kaffee- und Aus-flugsdorf an der Werse. Ki. 17. Jh. Wildgehege, Minigolf, Wassersport; Hallenbad, Wellenfreibad. I. d. N. Boniburger Wald, Dyckburg (18. Jh.; J. C. Schlaun); Vorsehungskloster. H/R: Hs. Eggert, Hs. Vennemann, Hof zur Linde, Deutscher Vater, Nobiskrug; G Hs. Pröbsting.

Harsewinkel E: 18000. Abteikirche Kloster Marienfeld (1185); Heimathaus mit Spieker. Beheiztes Freibad, Sport-anlagen, Wander- und Reitwege. H/R Handelshof; G Wilhalm. - S. auch Greffen.

Havixbeck E: 8850. Am Fuße der Baumberge. Um 1100. Pfarrkirche 14. Jh. Wasserschloß Hs. Havixbeck (16./17. Jh.; Bes. Rfrhr. v. Twickel). I. d. N. Wasserschloß Hs. Stapel (um 1820). Beheiztes Freibad, Ponyhöfe, Minigolfplatz; Angeln. H Beumer; H/R Hs. Hohenholte (Inh. Pröbsting); G: Elfers (Stevertal), Kemper, Leopoldshöhe (Baumberge), Waldfrieden (Inh. Schulz). - S. auch Hohenholte.

Hiltrup [jetzt Münster] Am Dortmund-Ems-Kanal. Hallenbad, beheiztes Freibad Hiltruper See und Waldpark; Segeln, Rudern, Tennis; Reithalle. Ausflugsgebiete Hohe Ward und Davert. H: Hiltruper Hof, Waldhotel Krautkrämer; G: Altes Gasthaus Heithorn, Jägerklause zur Wildsau.

Hohenholte [jetzt Havixbeck] Um 1150. Ki. 1738. G: Hs. Hohenholte, Meinert.

Hülshoff Wasserschloß (um 1200 von den Herren v. Schoenebeck); seit 1417 im Besitz der Familie Droste zu Hülshoff. Geburtsstätte der Dichterin Annette v.-Droste-Hülshoff (1797 bis 1848). R Burgkeller.

Horstmar E: 6200. Um 1100. Burgruine, 4 Burgmannshöfe 15.–16. Jh., Ki. 14. Jh., Rathaus 16. Jh. Mittelalterliche Romantik. Baumblüte. H: Crins, Zur alten Post (Inh. Krafeld).

Ibbenbüren E: 42250. Am Teutoburger Wald. Freibäder, Hallenbad. ND Dörenther Klippen (Naherholungsgebiet) mit Sommerrodelbahn, Märchenwald und Ponyhof; Botanischer Garten. I. d. N. NSG Heiliges Meer, Herthasee.

Karthaus [Dülmen] Altes Kartäuserkloster 1476, Ki. sehenswert. G Klosterschänke.

Kattenvenne [jetzt Lienen] Kattenvenner Moor - Bild einer Kiefern- und Heidelandschaft mit steilen Wegen, Pättkes, alten Bauernhöfen und Mühlen. G Vogelsang.

Ladbergen E: 5550. Um 950. Heimatmuseum in der Lönsheide, Naherholungsgebiet Buddenkuhlsee mit Campingplatz und Schwedenhäusern. Bauernhöfe von hohem Alter, prächtige Umgebung. H Zur Post; G Zum Lindenkrug.

Laer E: 5000. Um 1150. Alte Kultstätte und Heidenkreuz; alte Fliehburg „Borg" (9. Jh.). Ki. 1485. Geburtsort von Werner Rolewinck (†1502; Mönch, Gelehrter, Geschichtsschreiber). H Ulfers; G: Schwaning-Hüttemann, Veltrup, Vahlhaus-Lengers, Waldschlößchen.

Leeden [jetzt Tecklenburg] Um 1240. Stiftsdorf, früh. Zisterzienserinnenkloster. Alte Fachwerkbauernhäuser, alte Stiftskirche und Äbtissinnenhaus. G: Auffahrt, Waldhof, Zum Römerkrug.

Legden E: 5250. Um 1000. Ki. 13. Jh.; Hs. von Hülst 1697; Wasserschloß Hs. Egelborg (16./17. Jh.; Bes. Frhr. v. Oer).

Dahlienzucht, alle drei Jahre Dahlien-Korso. Waldreiche Umgebung. H: Lanfer, Zur Alten Post. - S. auch Asbeck.

Lengerich E: 20850. Stadtrechte seit 1727. Stadtkirche 15. Jh.; Torhaus „Der Römer". Reithalle, Freibad, Hallenbad. I. d. N. WB Hs. Marck, Rittergut Hs. Vortlage; Megalithgrab in Wechte. H: Hs. Werlemann, Zur Mühle; G Prigge-Nordhausen.

Lette [jetzt Coesfeld] Um 900. Ca. 90 km gezeichnete Rundwanderwege. Letter Bruch (Wald- und Heidelandschaft). Alte Windmühle. Naturlehrpfad, Trimm-Dich-Pfad, Hallenbad, Campingplätze. Heimat- u. Verkehrsverein Lette, Tel. (02546) 234 u. 339. G: Böinghoff, Brocks.

Lienen E: 7650. Am Teutoburger Wald. Reithalle, beheiztes Freibad, Hallenbad. Landschaftlich reizvolle Gegend im „Holperdorper Tal" (Kirschblüte). G: Jägerhof, Zur Post. - S. auch Kattenvenne.

Lüdinghausen E: 17500. Um 809, Stadtrechte seit 1308. Landschaftlich reizvolle Umgebung mit Wasserrundburg Vischering (13. Jh.) und Burg Lüdinghausen (16. Jh.). Freibad, Hallenbad am Klutensee, markierte Wanderwege, Campingplätze. H/R Zur Post; Schloßcafé Burg Vischering; G: Mutter Siepe, Richter, Zur Linde. - S. auch Seppenrade.

Marck Hs. WB (16. Jh.) bei Tecklenburg (Bes. Frhr. v. Diepenbroick-Grüter). Pastor Friedrich v. Bodelschwingh 1832 hier geboren. Führungen (Archiv, Rittersaal, Gemälde- und Waffensammlung).

Mesum [jetzt Rheine] Altes Hochmoor NSG Venn (Torfgewinnung).

Mettingen E: 10000. Um 1088. Tödden-Museum (Stammheimat der C. & A. Brenninkmeier, Hettlage u. a.). Freibad und moderne Sporthalle. H/R Telsemeyer.

Münster s. S. 54-57 u. auch Amelsbüren, Angelmodde, Handorf, Hiltrup, Nienberge, Roxel, St. Mauritz, Wolbeck. Auskünfte über Hotels und Gaststätten: Geschäftsstelle des

Verkehrsvereins Münster-Münsterland, Berliner Platz 22, Tel. (0251) 42200.

Nienberge [jetzt Münster] Ki. 1499. Sportzentrum mit neuem Freibad. G: Baumberger Hof (Inh. Risse), Schulte Werning, Zurhorst.

Nordkirchen E: 7900. Barock-Ki. 18. Jh., Gottfried L. Pictorius. Wasserschloß Nordkirchen, Bauherr Fürstbischof Christian v. Plettenberg (1703–1712), Baumeister: Gottfried L. Pictorius, Joh. Quinken und Peter Pictorius d. Jüngere; von J. C. Schlaun Park und Oranienburg. Heute Schule des Finanzministeriums NW. Hallenbad. G: Domhof, Plettenberger Hof, Schloß-Schänke.

Nordwalde E: 7850. 1150. Ki. spätgotisch zur Kreuzkirche erweitert. Sportzentrum mit Schwimmhalle. H: Parkhotel, Zur Krone, Zur Post.

Nottuln E: 11450. Um 800. Stiftsgründung des hl. Liudger; Stiftshäuser, Pfarrkirche (15. Jh.) mit wertvollen Deckenmalereien; letzter Blaudrucker-Handbetrieb. I. d. N. Jugendherberge Nottuln; Stevertal in den Baumbergen. Frei- und Hallenbad. G: Elvers (Stevertal), Humberg, Leopoldshöhe. - S. auch Appelhülsen, Darup, Schapdetten.

Ostbevern E: 6650. Um 1050. Interessanter Kirchenbau (Neubau 1961). I. d. N. WB Loburg, heute bischöfl. Konvikt. Frei- und Hallenbad. G: Althoff-Künne, Finke-Esselmann, Holtmann-Kramer.

Osterwick [jetzt Rosendahl] Um 1000. Ki. 1911 erneuert. I. d. N. WB Schloß Varlar (Bes. Fürst zu Salm Horstmar). H Nonhoff; G: Grüner, Reiterhardt Heuchel.

Ottenstein [jetzt Ahaus] H/R Haus im Flör (Inh. Bonato).

Ottmarsbocholt [jetzt Senden] Ki. roman. Turm mit Anbau 1885; waldreich und ruhige Lage. G: Averbeck, Kallwey, Lindfeld.

Rhede E: 14650. 11. Jh. Renaissance-Schloß des Fürsten zu Salm Salm. Alte Herrensitze, Windmühle, Tierpark Krechting, NSG Vardingholter Venn; beheiztes Freibad. 95 km ausgewiesene Wanderwege. H: Bahnhofshotel, Essing, Hengstermann, Rössing.

Rheine E: 71500. An der Ems. Um 800. Verkehrsknotenpunkt. St.-Dionysius-Ki. 15. Jh. Marktplatz mit Renaissance-Häusern, Falkenhof (838) mit Heimatmuseum, Archiv und Kunstausstellungen. St.-Antonius-Basilika mit höchstem Turm (116 m) des Münsterlandes. Europas größtes Dampflokomotiven-Depot. Erholungsgebiet Bentlage mit Parkanlagen, Schloß Bentlage, Solbad „Gottesgabe", Tierpark mit Streichelzoo. Stadtpark mit Minigolf, Boccia und beheiztem Freibad; Hallenbad, Trimm-Dich-Pfade und Sportanlagen. Motor- und Segelflugplatz. Emsuferpartie mit Rad- und Wanderwegen; Ausflugsschiff „St. Maria". Verkehrsverein Rheine, Tel. (02531) 51620. H: Gutschänke, Hansa-Hof, Holsterfeld, Hubertushof, Remmer, Solbad Gottesgabe. - S. auch Elte, Mesum.

Riesenbeck [jetzt Hörstel] Am Dortmund-Ems-Kanal („Nasses Dreieck") und Teutoburger Wald. Ki. 1807–15. Bauernhäuser, Steinkreuze, Bildstöcke, „Reinhildsbrunnen". Hallenbad. „Schöne Aussicht" am Teutoburger Wald; Kriegsgräberfriedhof „Brumleytal". Kanalhafen und Schleuse. I. d. N. Wasserschloß Surenburg. H Stratmann; G Zur Post.

Rinkerode [jetzt Drensteinfurt] Um 1163. Ki. 1721 (Gottfried L. Pictorius). WB Schloß Borg (Bes. Familie Kerkerinck zu Borg). Waldgebiete „Davert" und „Hohe Ward". G: Holtkamp, Lohmann, Niehoff.

Rosendahl E: 8850. Zusammenschluß der Gemeinden Darfeld und Osterwick [Holtwick].

Rorup [jetzt Dülmen] 1313. Anheimelndes Dorfbild. Steinerner Schandpfahl; Hs. Rorup mit alter Eichenallee. G: Bölling, Kerkhoff, Maas-Wilstacke, Mevenkamp, Wortmann.

Roxel [jetzt Münster] Um 1220. Hallenbad. I. d. N.

Schloß Hülshoff und H/R Schloß Hohenfeld. G: Brintrup, Hagedorn, Kortmann.

Saerbeck E: 5000. Um 800. Zwischen Ems und Dortmund-Ems-Kanal. Ki. auf Resten eines älteren Gotteshauses (12. Jh.) erbaut. Windmühle 1860. I. d. N. Wildfreigehege. Freibad. G: Hagemann, Stegemann (Westladbergen).

St. Mauritz [jetzt Münster] Am Dortmund-Ems-Kanal und an der Werse. Dyckburgkirche 18. Jh. (J. C. Schlaun). Freibäder, Reithalle. Ausflugsgebiet Boniburger Wald. G: Hugerlandshof, Jägerhäuschen, Pleistermühle, Renfert (,,Zur höltenen Schluse''), Sudmühlenhof, Tannenhof.

Sassenberg E: 8750. Um 1100. Ehem. Residenz der münsterischen Fürstbischöfe. Ki. 1670–78; Hs. Schücking (nach Plänen von J. C. Schlaun 1754). Freibad. H/R Börding; G: Twehues-Arenhövel, Zum weißen Vater.

Schapdetten [jetzt Nottuln] Um 800. Ki. spätgotisch, Staffelgiebel, I. d. N. Baumberge und Stevertal. G: Leopoldshöhe, Kemper, Pohlkötter-Rütering.

Senden E: 13200. WB Schloß Senden (heute Altersheim). Hallenbad, Freibad. Dortmund-Ems-Kanal, Venner Moor; Baumschulen. H Niemeyer; G: Handelshof, Hs. Scharlau. - S. auch Bösensell, Ottmarsbocholt, Venne.

Sendenhorst E: 9500. Neugotische Ki. Hallenbad. H: Westf. Hof, Zurmühlen; G: Bürgerhaus, Waldmutter.-S. auch Albersloh.

Seppenrade [jetzt Lüdinghausen] Rosendorf mit 20000 Rosen; ruhige, markierte Wanderwege; Heidelandschaft Borkenberge mit Segel- und Motorfluggelände. G: Mutter Siepe, Zur Linde.

Stadtlohn E: 16350. Um 1337. Modern wiederaufgebaute Industriestadt. Ki. Neubau 1889; Gnadenkapelle auf dem Hilgenberg. Töpferhandwerk seit 1600. Modernes Freibad. H Tenbrock; G: Berger, Burggarten, Claushues, Dapper.

Steinfurt E: 31600. Kreisstadt. Zusammenschluß der Städte Borghorst und Burgsteinfurt.

Surenburg WB 16. Jh. (Bes. Frhr. Heereman v. Zuydtwyck). Reizvoller Park.

Tecklenburg E: 8650. Um 1226. Mittelalterliches Burgenstädtchen mit gut erhaltenen Fachwerkhäusern. Torhaus „Legge" von 1577 (frühere Leinenprüfstelle). Burgruine der alten Tecklenburg. Im Innenhof bekannte Freilichtbühne (3500 Sitzplätze). Burgbastion 14. Jh.; Kreisheimathaus, Kreisheimatmuseum, Puppenmuseum, 2 Aussichtstürme über 40 km. Parkanlage, gut markierte Strecken- und Rundwanderwege. Schmiedeeisernes Kunsthandwerk. Beheiztes Waldfreibad, Kleingolfanlage. Jugendherberge. H: Bismarckhöhe, Parkhotel Burggraf, Drei Kronen; G Zur alten Schmiede. - S. auch Brochterbeck, Leeden.

Telgte E: 15350. Um 800. Bedeutender Wallfahrtsort. Propsteikirche 1522, Wallfahrtskapelle 1654 mit bedeutendstem westfälischem Vesperbild (um 1350). Heimatmuseum „Heimathaus Münsterland". „Mariä-Geburts-Markt" (ältester und größter westf. Pferdemarkt). Beheiztes Waldschwimmbad „Klatenberg". Markierte Wanderwege im Waldgebiet Klatenberge. H: Althaus, Buschhoff, Heidehotel Waldhütte; G: Kleinherne, Osthues-Brandhove. - S. auch Westbevern.

Velen E: 9050. WB Velen (Bes. Graf Landsberg-Velen), malerische Anlage aus fünf Jahrhunderten mit weiten Parkanlagen, Tiergarten und Blumenschmuck.

Venne [jetzt Senden] E: 1242 Hospital zum hl. Johannes d. T.; ältestes Leprosenhaus der Stadt Münster. Ki. 16. Jh.; zierlicher alter Speicher 18. Jh. G Prinz.

Vinnenberg Kloster Zisterzienserinnenkloster 1250–56. Erneuerte Ki. um 1550, Gnadenbild aus dem 13. Jh. 1810 säkularisiert, seit 1898 wieder bewohnt von Benediktinerinnen. In der Umgebung 100jähriger Eichen- und Lindenbestand. G Horstmann.

Vögeding Hs. Echter westfälischer Bauernhaustyp mit Wehrturm (16. Jh.; ehem. Bes. Frhr. Droste zu Hülshoff).

Vreden E: 18000. Um 800. Alte Stadt mit interessanter Ge-schichte. Stiftskirche 11.–12. Jh. mit Hallenkrypta. Neue Pfarrkirche über bedeutender Ausgrabungsstätte mit Ring- und Hallenkrypta, Klappaltar aus der Antwerpener Schule (16. Jh.). Hamaland-Museum (Denkmal bäuerlichen Kultur-gutes). NSG Zwillbrocker Venn (Möwenkolonie); NSG Lün-tener Fischteich und Schwattet Gatt. Wanderwege und Pättkes durch Wald-, Heide- und Moorgebiete. Sportflugplatz (zus. mit Stadtlohn). Frei- und Hallenbad. Drei Grenzübergänge nach Holland (Gaxel, Oldenkott und Zwillbrock). H: Baum, De-gener, Grass, Hamaland, Mümken, Zur Post; G: van den Berg, Reirink.

Warendorf E: 32400. Kreisstadt. Um 800. Ki. 1400, Festungsturm um 1200, Franziskanerkloster 17. Jh., Rathaus mit Marktplatz und Giebelhäusern 15.–17. Jh. Schöne Ems-partien. Landgestüt mit Hengstparaden im Oktober; Deutsches Olympiade-Komitee für Reiterei. Frei- und Hallenbad. H: Heimann, Im Engel, Kaiserhof; G: Buller, Dreibrückenhof, Höner, Emshof. - S. auch Einen, Freckenhorst.

Westbevern [jetzt Telgte] Seit 1270 eigene Pfarrei; Kirchenneubau 1897/98, Turm 13. Jh. Kreuzigungsaltar von Gerhard Gröninger. G: Lohmeier, Wemmer (Brock), Wermelt, Wördemann.

Wolbeck [jetzt Münster] Um 1185. Ehem. Fürst-bischöfliche Residenz. St.-Nikolai-Ki. 13. Jh. mit roman. Turm. Alter Drostenhof im Besitz der Grafen v. Merveldt. Gar-tenbauschule; Tiergarten; Kneippianum, Vita-Parcours, Hallen-bad. H: Tanneneck, Thier-Hülsmann; G: An der Steenpaorte, Averhoff, Dorfschänke, Hs. Siebeneck.

Fahrrad am Bahnhof –
ein Service der

für Ihre Gesundheit

Rezept:

*Mit dem Zug auf das
Land –
mit dem Fahrrad durch
das Land.
Fit bleiben und die
Natur neu entdecken.*

Dr. Hassels

Wir von der DB sagen, „Fahrrad am Bahnhof" ist unser liebenswürdiger Kundendienst. Und dafür gibt es gute Gründe. Von Jahr zu Jahr haben wir mehr Freunde gewonnen. Angefangen hat's mit den „Pättkesfahrten" im Münsterland, und heute . . . Bei über 200 Bahnhöfen gibt es diesen Kundendienst. Die Anreise zum Fahrrad-Bahnhof oder die Rückreise sollten Sie mit der DB einplanen. Gruppen können hierbei die günstigen Gruppenreisetarife mit hohen Fahrpreisermäßigungen ausnutzen. Die Mietgebühr beträgt dann je Fahrrad und Kalendertag 4,– DM (sonst 8,– DM).

Wetten, daß auch Ihnen der Hausarzt „Fahrrad am Bahnhof" verschreibt? Fragen Sie ihn einmal!

 **MEHR ALS FAHREN**

Ahaus

Mittelpunktstadt mit 1000jähriger Geschichte, 400 Jahre beliebte Jagd-
und Sommerresidenz der ehemaligen Fürstbischöfe von Münster,
eine reizvolle Wohnstadt in der Parklandschaft des westlichen
Münsterlandes, umgeben von Großwaldungen und Naturschutz-
gebieten, die auf markierten Auto-Rundwanderwegen zu erholsamen
Sparziergängen und Pättkesfahrten einladen.
Ahaus — eine Freizeitstadt mit Einrichtungen für Jedermann zur
körperlichen Ertüchtigung, geistigen oder beruflichen Weiterbildung.
Ein Besuch hat noch keinen gereut!

Gerne informiert Sie:

Verkehrsverein Ahaus e.V., Schloßgraben 1, 4422 Ahaus

Telefon (0 25 61) 7 22 44

ascheberg

••••••••••••••••
Ascheberg
Herbern
Davensberg
••••••••••••••••

in der Parklandschaft des Münsterlandes —
Mekka für Pättkesfahrer
bieten

- vielfältige Möglichkeiten zur Erholung
  und Entspannung

- eine saubere Landschaft in frischer Luft
  mit viel Wald

- romantische Wasserburgen und
  alte Rittersitze

- eine vorzügliche Gastronomie

also alles, was sich Naturfreunde zum Ausspannen
wünschen.

Auskunft und Prospekte durch:

Verkehrsverein Ascheberg e. V., Sandstraße
4715 Ascheberg, Telefon 0 25 93 / 10 54
Fahrradverleih — Planwagen — Pauschalarrangements

ALTENBERGE
Krs. Steinfurt

Altenberge (Westf.) ist eine Landgemeinde im Südteil des Kreises Steinfurt, nur 15 km von der Bischofs- und Bezirkshauptstadt Münster und nur 10 Autominuten von der BAB Hansalinie entfernt; höchste Erhebung ist der Paschhügel mit 115 m über NN.
Altenberge hat ca. 7500 Einwohner und einen Flächeninhalt von rd. 6450 ha.
Vom Paschhügel aus genießt man einen herrlichen Rundblick auf das Münsterland, besonders auf die Baumberge und — bei klarer Witterung — bis zum Teutoburger Wald. Jahrhundertealte Bauernhöfe, Wallhecken und Landwehren beleben die mit kleinen Waldungen durchsetzte echt münsterländische Parklandschaft, die zum Teil unter Naturschutz steht, insbesondere das Gebiet um den Rösteberg in der Bauerschaft Hohenhorst.
Altenberge ist mit seinem ca. 8,5 km ausgebauten Wanderwegenetz ein beliebter Ausgangspunkt für schöne Wanderungen in die Umgebung.
Im Dorf laden gemütliche Gaststätten zu angenehmer Rast ein. Planwagenfahrten können unternommen werden.
Altenberge verfügt über ein neues Hallenbad, eine Reithalle sowie ein neues Sportzentrum mit Tennisplätzen und ein Krankenhaus.

Auskunft und Prospekte: Gemeindeverwaltung Altenberge,
Kirchstraße 25 (Rathaus), Telefon 0 25 05 / 6 21

DRENSTEINFURT

Die Stadt Drensteinfurt mit den Stadtteilen **Rinkerode** und **Walstedde**, rd. 11 000 Einwohner, liegt südlich der Universitätsstadt Münster an der Werse in ruhiger Lage in der münsterländischen Parklandschaft.
Ausgedehnte Wegenetze für Fuß-, Rad- und Autowanderer laden zu erholsamen Wanderungen ein, vorbei an sehenswürdigen Bauwerken mit geschichtlicher Tradition (Wasserburgen „Haus Steinfurt" und „Haus Borg", Rittergut „Haus Venne", „Haus Bisping", „Alte Post", „Loreto-Kapelle", „St.-Regina-Kirche", „St.-Pankratius-Kirche" und „St.-Lambertus-Kirche") in die Landschafts- und Naturschutzgebiete „Davert", „Hohe Ward" und „Kurricker Berg".
Großzügige Sportstätten (Erlbad [23°] mit 2 ha großer Liegewiese, Sportplätze, Reithallen und -plätze, Tennisanlagen) bieten Möglichkeiten für Leistungssport und Freizeitgestaltung.
Gepflegte Hotels und Gaststätten bieten einen angenehmen Aufenthalt.

Auskünfte erteilt: Stadtverwaltung Drensteinfurt,
Postfach 12 60, 4406 Drensteinfurt 1, Telefon 0 25 08 / 82 81

Ein Reisetip fürs Wochenende ...

Wildpferdefang im Merfelder Bruch —
alljährlicher Wildpferdefang am letzten Sonnabend im Mai

DÜLMEN

mit den Ortsteilen Buldern, Hausdülmen, Hiddingsel, Merfeld und Rorup. Ausflugsziele: Schloß- und Wildpark, Grab- und Gedenkstätte der stigmatisierten Augustinernonne Anna-Katharina Emmerick, Wildpferdegehege im Merfelder Bruch, Segel- und Motorsportgelände Borkenberge, Fischteiche und Trimm-Dich-Pfad in Merfeld. Beliebter Ausgangs- und Zielort für „Pättkes-Fahrten". Fahrradverleih durch den Verkehrs- und Heimatverein und durch die Deutsche Bundesbahn am Bahnhof. Weitere Auskünfte erteilen:

Verkehrs- und Heimatverein e. V., Dülmen, Münsterstraße 66
Telefon (0 25 94) 29 39

Verkehrsamt der Stadt Dülmen, Rathaus, Telefon (0 25 94) 121

EMSDETTEN

Emsdetten ist eine junge, weltoffene Stadt mit rd. 31 000 Einwohnern. Sie entwickelte sich in den letzten 100 Jahren von einem kleinen, unbedeutenden münsterländischen Dorf zu einer recht interessanten Mittelstadt.

Der Stadtkern Emsdettens wird z. Z. von Grund auf erneuert und den modernen Verhältnissen entsprechend gestaltet.

Dem Wanderer stehen insgesamt rd. 96 ha Wald, unterbrochen von Wiesen, Weiden und Feldern zur Verfügung. Besonders empfehlenswert sind das Naturschutzgebiet Hochmoor Emsdettener Venn, das Landschaftsschutzgebiet an der Ems, Lintels Brook und der Ortsteil Hembergen mit ausgeschilderten Rundwanderwegen. In den Bauerschaften Hollingen — nahe Lintels Brook — und Isendorf — nahe der Ems — sind mehrere alte Gehöfte zu Pensionen umgebaut worden.

Den Erholungsuchenden bietet Emsdetten auf dem Gebiet des Sports interessante Möglichkeiten. Hallen- und Freibad, mehrere Sportplätze, Spiel- und Sporthallen sowie mehrere Turnhallen, Bootshaus für Kanufahrer an der Ems, Tennisplätze und Tontaubenschießstände runden das Bild ab. Den weniger aktiven Sportfan laden die leistungsstarken Fußball- und Handballvereine zu ihren Ligaspielen ein.

HALTERN am See

— Wasser, Wald und Heide —

Stadt im Grünen, 31 000 Einwohner, 157 qkm. Seit 1899 Ausgrabungen in den Halterner römischen Kastellen, im Römisch-Germanischen Museum ausgestellte Funde von Rang.

Gehört nachweislich zu den ältesten Orten Westfalens; Stadtrechte seit 1289. Sehenswert: In der Pfarrkirche St. Sixtus hölzernes Vortragkreuz, gotisch, aus dem 14. Jahrhundert und spätgotischer Altaraufsatz, flandrisch, aus Holz geschnitzt. Auf dem Annaberg Kapelle von 1674 mit „St.-Anna-Selbdritt", gotisch, Holz. Rathaus aus der hansischen Zeit Halterns, 1577; Siebenteufelsturm, spätgotisch, 1502, letzter Rest der mittelalterlichen Stadtbefestigung.

Haltern mit den Ortsteilen Flaesheim, Hamm-Bossendorf, Holtwick, Hullern, Lavesum, Lippramsdorf und Sythen ist bevorzugtes Wohngebiet.

Am Halterner See alle Wassersportmöglichkeiten, Hallenbad, Bootshäuser, Campingplätze, Jugendherberge, beheizte Freibäder in der Stadt Haltern und im Ortsteil Sythen, „Trimm-dich-Pfade" in Flaesheim und Haltern, Fahrradverleih am Bahnhof Haltern.

Ideal für Ferienaufenthalte und Wochenendausflüge im Naturpark „Hohe Mark", gepflegte Gaststätten und Hotels.

Stadtverwaltung Haltern — Verkehrsamt —, 4358 Haltern, Rathaus
Telefon (0 23 64) 30 21

IBBENBUREN

Mittelpunkt des Nordmünsterlandes

Im Teutoburger Wald: Dörenther Klippen, „Hockendes Weib" — Kletterkurse

Herrliche Wanderwege — Hermannsweg — Reiten — Kutschfahrten — Fernsicht ins Münsterland — Botanischer Garten — Erholung am Aasee — Segeln, Segelschule, Rudern, Angeln

Waldpark — Sommerrodelbahn mit Märchenwald und Western-Expreß

Fahrradverleih am Informationskiosk (Bahnhof) — Übernachtung vom Ponyhof bis zum Luxushotel

Zwei Campingplätze — zwei Freibäder — Hallenbad

Beratung: Stadt Ibbenbüren

Abt.: Sport - Freizeit - Fremdenverkehr

4530 Ibbenbüren, Telefon (0 54 51) 5 32 44 - 5 32 09

Das Domizil für Pättkeswanderer
LÜDINGHAUSEN
mit dem Rosendorf Seppenrade

Zahlreiche Pättkes führen von der Innenstadt in die wunderschöne angrenzende Parklandschaft — auch zu den Wasserburgen Vischering und Kakesbeck und zum Rosendorf Seppenrade. Zum zünftigen „Pättkeswandern" gehört aber auch ein „Prölken" in einer der münsterländischen Gastwirtschaften bei Korn und einem Schinkenschnittchen.

Informieren Sie sich beim Verkehrsamt der Stadt Lüdinghausen, Postfach 4 08, 4710 Lüdinghausen, Telefon 0 25 91 / 50 11 - 50 18

Eingebettet in die münsterländische Parklandschaft, bietet

NORDKIRCHEN

seinen Besuchern eine gepflegte Gastlichkeit und dazu viele Möglichkeiten der Erholung und Entspannung. Schloß Nordkirchen, das „Westfälische Versailles", sollten Sie unbedingt einmal besuchen. Einen Spaziergang durch den Park dieses Prunkbaues aus dem 18. Jahrhundert machen oder ein Schloßkonzert besuchen. Oder einfach nach der Voranmeldung bei der Fachhochschule für Finanzen (Telefon 0 25 96 / 10 01) die prächtigen Gemächer besichtigen.

Auskunft und Prospekte:

Gemeindeverwaltung 4717 Nordkirchen, Telefon 0 25 96 / 10 72

Nottuln

Bei oberflächlicher Betrachtung eine Gemeinde wie jede andere. Doch nur auf den ersten Blick! Dahinter steckt ein aufstrebendes Gemeinwesen mit den Ortsteilen Nottuln, Appelhülsen, Schapdetten, Darup und Limbergen. Nottuln ist geprägt durch sein im Jahre 1748 von dem berühmten westfälischen Barockbaumeister J. C. Schlaun kunsthistorisch einmalig gestaltetes Ortsbild.

Blick auf Domherrengasse und St. Martin

Dem Besucher sollte der Nottulner Ortskern Ausgangspunkt für erholsame Stunden und Tage sein. Gerade im Bereich von Freizeit, Sport und Erholung sind ideale Bedingungen vorhanden. Gesunde Luft, kristallklares, naturreines Wasser ohne chemische Zusätze, Ruhe und Erholung aber auch Unterhaltung und alle möglichen Aktivitäten.

Besuchen Sie den **Sport- und Freizeitpark Baumberge** an der Rudolf-Harbig-Straße! Hier finden Sie großzügige und moderne Sport- und Freizeitanlagen wie das neue **Wellenfreibad mit über 1800 qm Wasserfläche und ca. 40 000 qm Liegewiese.** Außerdem Hallenbad mit Solarium, Tennishalle, Sporthallen und -plätze. Stille, gut angelegte Wanderwege, ausgestattet an besonders markanten Aussichtspunkten mit Ruhebänken, finden Sie im gesamten Gemeindegebiet.

Auskunft erteilt:
Gemeindeverwaltung Nottuln, Postfach 11 40, Ruf 0 25 02 / 60 01
Verkehrsverein Nottuln, Postfach 11 66, Telefon 0 25 02 / 66 68
(Anrufbeantworter vorhanden)

OSTBEVERN

Ostbevern mit dem Ortsteil Brock liegt an der B 51 (Münster—Osnabrück) unmittelbar an der Grenze zum Land Niedersachsen. Viele Großstädter suchen an den Wochenenden Ostbevern auf, um in Wäldern und zwischen Wiesen und Feldern Ruhe und Erholung zu finden.

Herrliche Wanderwege im Osterwald, Loburger Park und Kattmannskamp laden zu Spaziergängen ein, gut ausgebaute Wirtschaftswege zu Radwanderungen. Das kombinierte Warmwasser-Hallenfreibad mit Solarium lädt ganzjährig zur sportlichen Betätigung und Rast ein.

Auskunft und Prospekte:

Gemeindeverwaltung Ostbevern — Hauptamt —

4401 Ostbevern, Postfach 11 69

Telefon 0 25 32 / 50 21

In SENDEN einmal Pause machen

- Das attraktive Einkaufszentrum lädt zu einem kleinen Bummel ein

- Gepflegte Gastlichkeit erwartet Sie in gemütlichen Gaststätten

- Bei jeder Witterung und mit allem Komfort können Sie im Hallenfreibad baden und schwimmen — draußen oder drinnen

- Fast jede Sportart können Sie in Senden betreiben

- Die landschaftlichen Reize der Umgebung sind für jeden Naturfreund unübersehbar. Gut ausgebaute Wege erschließen die Landschaft

Es lohnt sich, in Senden, vor den Toren von Münster, Pause zu machen.

Information: Gemeinde Senden, Laurentiusplatz 1, 4401 Senden
Telefon 0 25 97 / 10 03

4404 TELGTE

Telgte, 10 km östlich von Münster an der B 51 und B 64 gelegen, ist eine Stadt mit besonderer Ausstrahlungskraft. Dies beweisen täglich viele Tausend Besucher, die die Wallfahrtskapelle aufsuchen und sich vom Heimathaus Münsterland, mit seinen wechselnden Ausstellungen, unter denen die jährlich stattfindende Krippenausstellung einen besonderen Platz einnimmt, beeindrucken lassen.

Darüber hinaus werden aber auch gern die zahlreichen Freizeitangebote der Stadt in Anspruch genommen:

- Wochenendreisen
- Tagesausflüge
- Rundflüge über Telgte, Münster und das Münsterland
- beheiztes Waldschwimmbad
- Planwagenfahrten

Auf folgende Großveranstaltungen möchten wir Sie aufmerksam machen:

- 3. 9. 1978 — Internationaler Großflugtag
- 12. 9. 1978 — Mariä-Geburtsmarkt (Größter Pferdemarkt Westfalens)
- Ende November bis Ende Januar — Krippenausstellung im Heimathaus Münsterland

Nähere Informationen erhalten Sie vom Verkehrsamt der Stadt Telgte, 4404 Telgte, Kardinal-von-Galen-Platz 9, Telefon 0 25 04 / 1 33 27

WARENDORF

Zentrum im östlichen Münsterland
Kreisstadt für den Großkreis Warendorf
Der ideale Ort für Freizeit und Hobbyurlaub

- große Tradition
- historische Innenstadt
- hoher Freizeitwert
- modernes Schulzentrum
- bedeutender Standort für Wirtschaft, Handel und Verwaltung
- Einkaufsstadt mit Atmosphäre

- Sitz des Deutschen Olympiade-Komitees für Reiterei, des Bundesleistungszentrums für den Modernen Fünfkampf, der Bundeswehrsportschule, des NRW-Landgestüts, der Deutschen Reiterlichen Vereinigung und der Deutschen Reitschule.

Wenn Sie mehr über Warendorf wissen möchten, wenden Sie sich bitte an das Städt. Verkehrsamt, Markt 1, 4410 Warendorf 1, Tel. (0 25 81) 26 25 und 5 42 62

Gemeinde Saerbeck

Die Gemeinde hat 4500 Einwohner, liegt im Schnitt der Bundesstraßen 219 und 475 und hat unmittelbaren Anschluß an die Bundesautobahn Hansalinie sowie den Nahverkehrsflughafen Münster/Osnabrück.
In dem 5886 ha großen Gemeindegebiet befinden sich rund 80 km ausgebaute Wege, die in z. T. reizvollen Gebieten liegen und gern als Wander- und Spazierwege benutzt werden. In den vorhandenen Landschaftsschutzgebieten und Vogelreservaten ist eine reiche Pflanzen- und Vogelwelt anzutreffen. Ein großes Wildfreigehege ist eine besondere Attraktion. Zum Abkühlen lädt ein Badesee ein.

Auskunft: Gemeindeverwaltung, 4401 Saerbeck, Emsdettener Str. 1

4282 VELEN, Kr. Borken

Vielbesuchter Ausflugsort. Ausgedehnte Parkanlagen und Wald- und Naturschutzgebiete (Schwarzes und Weißes Venn sowie Hügelgräber) mit herrlichen Waldwegen. Sehenswürdigkeiten: Schloß Velen (Dornröschenschloß, Sitz einer Zollehranstalt) und Burg Ramsdorf. Zwei Badeanstalten in landschaftlich hervorragender Umgebung bieten Gelegenheit zur Abkühlung. In Velen finden die vielen Gäste noch Ruhe, Erholung und Entspannung. Auskunft und Prospekte: Gemeindeverwaltung Velen, Ruf 0 28 63 / 3 41 und 3 42.

Burg Hülshoff:
Burgkeller

Ein beliebtes Ausflugsziel ist das Geburtshaus
der Annette von Droste-Hülshoff in Burg Hülshoff.
Nach einem Spaziergang in der malerischen Umgebung
lädt der BURGKELLER zu einer Rast ein.

Billerbeck:
Team-Hotel Weißenburg

Versäumen Sie nicht, auf Ihrer Pättkesfahrt
das Team-Hotel Weißenburg, 4425 Billerbeck/Baumberge,
zu besuchen. Telefon 0 25 43 / 502.
Genießen Sie den herrlichen Blick auf Billerbeck
mit dem Ludgerus-Dom und die Baumberge. Erholen Sie sich im
55-Betten-Hotel mit Schwimmbad, Sauna, Solarium und Lift.
Im Herzen der Baumberge können Sie sich vorzüglich erholen.

Lüdinghausen:
Hotel zur Post

Hotel-Restaurant C. Uhlenkott, 4710 Lüdinghausen, Tel. (0 25 91) 40 41
Machen Sie eine Pause auf Ihrer Pättkesfahrt in der
Dreiburgenstadt Lüdinghausen, im Hotel-Restaurant „Zur Post".
Hier wohnen Sie ruhig bei bestem Komfort (Dusche, WC, Lift).
Hier speisen Sie, wie es Ihnen beliebt, rustikal oder lukullisch
in einer traditionsverbundenen Atmosphäre.
Viel Platz zur Unterstellung Ihrer Fahrräder.

Münster:
Hotel-Restaurant Wienburg

Bekannt durch gute Küche. Versäumen Sie nicht,
unsere Kuchen aus eigener Konditorei zu probieren.
Für Familienfeste aller Art bieten sich unsere gediegen
ausgestatteten Räume an.
Ihr Besuch in der Wienburg lohnt sich — Münster, Kanalstraße 237.

Waldhotel Krautkrämer

Münster's First Class Hotel

Am Hiltruper See

☎ 0 25 01/12 97

Tips für Ausflüge
zu Fuß oder per Fahrrad

Der Pättkesführer. Von Theo Breider. Der Pättkesführer bietet 70 ausgesuchte Vorschläge für Rad- und Fußtouren zwischen der holländischen Grenze, dem Teutoburger Wald und der Lippe. Außerdem enthält er aktuelle Angaben über Dörfer, Museen, Gasthäuser, Badeanstalten, Fahrradverleihstellen an Bahnhöfen usw. Mit amtlicher Tourenkarte im Maßstab 1 : 50 000. In 24. bis 27. Auflage (48. bis 55. Tausend), 88 Seiten, 15 Abbildungen, Taschenbuch 10,80 DM.

Alte Wege neu entdecken. Von Theo Breider. Dieser zweite Tourenführer von Theo Breider führt Radwanderer abseits der großen Straßen durch fünf europäische Länder. 2000 Kilometer stille Seitenwege und Pfade hat Breider dafür erkundet und beschrieben. Ganz gleich, ob Sie Ihre Fahrt in Dänemark beginnen oder wo auch immer: der Tourenführer zeigt Ihnen die richtigen Wege. Er gibt außerdem Informationen über Sehenswürdigkeiten, Gasthöfe, Jugendherbergen usw.

1. Teil: Jütland, Schleswig-Holstein, Niedersachsen, Münsterland. 2., durchgesehene und ergänzte Auflage, 106 Seiten, 28 Fotos, 5 Karten, Taschenbuch 10,80 DM.

2. Teil: Münsterland bis Nordfrankreich. Erscheint demnächst.

Tippeltips. Von Wolfgang Schemann. Mehr als drei Viertel von Münsters Stadtgebiet besteht aus Wald, Wiesen und Weiden. Schemann hat zwei Dutzend der schönsten Spaziergänge zu den lauschigsten Ecken und zu den gemütlichsten Kaffeewirtschaften Münsters aufgestöbert, in ‚fußläufige Portionen' zwischen 5 und 16 Kilometern eingeteilt und mit genauen und humorvollen Wegebeschreibungen versehen. Auflage jetzt 7. bis 9. Tausend, Taschenbuch: 57 Seiten, 25 Fotos, 24 Karten, 8 Zeichnungen, 4,50 DM.

Neue Tippeltips. Von Wolfgang Schemann. 23 Wanderwege durch das Münsterland (zwischen 6 und 18 Kilometern Länge). Mit Hinweisen auf Sehenswürdigkeiten, Naturschönheiten und Kaffeewirtschaften am Wegesrand. Taschenbuch: 53 Seiten, 27 Fotos, 24 Karten, 5 Zeichnungen, 4,50 DM.

Erschienen im Verlag Aschendorff Münster
Bezug durch jede Buchhandlung